DIE WEISSE REIHE

Georg Quedens

VÖGEL ÜBER WATT UND MEER

Ellert & Richter Verlag

Inhalt

Landschaft der Seevögel

Der Frühling kommt ohne Farben in die Landschaft am Meer. Bis in den April, ja Mai hinein liegen die Marschen und Wattwiesen winterkahl, und die gelben Halme des Strandhafers auf den Dünen sind welk und von Herbst- und Winterstürmen niedergeneigt. Und immer noch pfeift ein kalter Nordwind und dringt durch Federn und Fell, während graues Gewölk den Himmel bedrückt.

Und doch kommt der Frühling oft früher in diese Landschaft als andernorts. Er kommt mit den Stimmen der Vögel. Wenn im März zwischen ungemütlichen Wettern ein erster warmer Südwestwind über die Watten weht oder an windstillen Tagen die Flut spiegelblank zwischen Inseln und Halligen steht, geraten die Austernfischer in Balzstimmung und lassen Tag und Nacht ihre Rufe hören. Wenig später schon treiben sie sich an Land und im Brutrevier herum. Über den Inseldünen ziehen Silbermöwen hoch in der Luft ihre Kreise und stimmen sich mit klangvollem „Küü-o küü-o" auf die Brutzeit ein. Längst schon macht sich auch der Vogelzug in Luft und Landschaft bemerkbar. Geheimnisvolle Rufe dringen durch die Nacht, und tagsüber lärmen die Ringelgänse in wachsenden Scharen mit lautem „Rronk rronk" aus dem Watt. Strandläufer der verschiedenen nordischen Arten treffen ein, während der Kiebitz über den Küstenmarschen schon seine Balzkapriolen schlägt. Windiges Wetter läßt zwar die Vögel wieder verstummen, aber die Zeichen des Frühlings sind gesetzt. Wenn dann im April wieder das „Arak rakrak" der Brandgänse hinter dem Deich zu hören ist, die Eiderenten sich mit ihrem charakteristischen „Ahu-o"-Ruf der Küste nähern und schließlich Rotschenkel mit melodischem Balzgeläute über Salzwiesen und Marschen aufsteigen, erreicht das Vogelleben in der Meereslandschaft einen ersten Höhepunkt.

Einen weiteren setzt die nachfolgende Brutzeit, wenn alle Reviere besiedelt sind, aufgeregte Vogelpaare um die Plätze streiten und lauthals ihre Gelege gegen Möwen oder vorbeikommende Wanderer verteidigen. Noch lauter wird es dann, wenn die Jungen geschlüpft sind, als Nestflüchter überall herumlaufen oder zum Wattenmeer geführt werden. So geht es durch die Sommermonate, bis die Jungvögel flügge sind, sich schon erste Stimmen nordischer Rückkehrer in die Rufe der heimischen Vögel mischen – und sich endlich im Hochsommer die Brutplätze leeren. Größere Ansammlungen von Vögeln sind dann nur noch am Strand und im Wattenmeer anzutreffen, Scharen von Möwen sitzen auf den Feldern, um zu mausern, einige sind schon vor den ersten Stürmen zum Land geflüchtet.

Nirgendwo sonst bestimmen die Vögel so eindrucksvoll das Landschaftsbild wie am Meer. Selbst Menschen, die sich eigentlich für die Vogelwelt und ihre verschiedenen Arten nicht interessieren, verspüren es bald: Was wäre diese Landschaft ohne Vögel, ohne das Hin und Her ihrer Flüge und ohne die Stimmen aus nah und fern? Vom Urlaub in eine vogelstimmenstumme Stadt zurückgekehrt, hat der Küstenbesucher neben anderen Erinnerungen noch lange die Rufe der Vögel im Ohr.

Fülle und Artenreichtum der Vogelwelt am Meeresstrand erklärt sich vor allem aus dem Nahrungsangebot. Schnecken, Muscheln, Würmer und Krebstiere finden sich im Wattboden in Hülle und Fülle, und bei Ebbe eilen überall geschäftige Gestalten herum und stochern in Sand und Schlick. Die sich rasch vermehrenden Herz- und Miesmuscheln sind eine nahezu unerschöpfliche Nahrungsgrundlage für Möwen und Eiderenten. Andere Vögel, etwa Heringsmöwen und Seeschwalben, finden ihr Fressen, kleine Fische, draußen im Meer oder in den Prielen. Und täglich wird der Tisch im Wechsel von Ebbe und Flut neu gedeckt.

Die Vielfalt der Landschaften – von Sandbänken und Stränden zu Dünen und von Salzwiesen am Watt über den Deich zu flutsicheren Marschen – bietet vielen verschiedenen Arten ein jeweils eigenes Brutrevier. Jede dieser Landschaften hat daher auch ihre besondere Vogelwelt. Und eingefügt in Inseln und Halligen, in die Köge und Polder der Festlandküste gibt es eine Kette von Vogelschutzgebieten an Nord- und Ostsee, wo Vogelwärter darüber wachen, daß die Seevögel beim Brüten von ihrem „Urfeind", dem Menschen, nicht gestört werden.

Silbermöwen – Raubritter der Küste

Im Segelflug schweben die weißen Silbermöwen (Larus argentatus) im Aufwind der Deiche und Dünenhänge dahin und spähen mit ihren scharfen, bernsteingelben Augen nach angespülter Nahrung im Flutsaum des Strandes. Oder sie begleiten als flatternde Wolke die Fährschiffe auf dem Weg zu Inseln und Halligen im Wattenmeer, erbeuten das vom Schraubenwasser an die Wasseroberfläche hochgewirbelte Seegetier und lauern darauf, von Passagieren gefüttert zu werden. Geschickt und kühn streichen sie an der Reling vorbei und picken – alle Furcht vor ihrem Urfeind vergessend – Brot aus Menschenhand. Auch in den Hafenstädten treiben sich ständig Silbermöwen herum und nutzen die Abfälle der Fischerei. Ebenso aber folgen sie den Fisch- und Krabbenkuttern und zanken sich um den Beifang, der über Bord geworfen wird. Bei Ebbe bewegen sich Silbermöwen als leuchtende Punkte im Watt, greifen Strandkrabben und Garnelen, die in Pfützen zurückgeblieben sind, und treten Herz- und Plattmuscheln aus dem Grund. Die Möwen fressen diese Muscheln mitsamt der Schale und würgen den vom Magenmuskel zermahlenen Muschelgrus später als daumengroßen Speiballen wieder heraus. Die Silbermöwe versteht es aber auch, Miesmuscheln zu öffnen: Sie fliegt mit einer Muschel im Schnabel hoch und läßt diese auf einen harten Gegenstand, die Kaimauer, die Strandpromenade oder im Winter auf Eis herunterfallen, bis sie aufplatzt – eine ähnliche Intelligenzhandlung bringt sonst nur noch die Krähe zustande.

Silbermöwen fressen aber auch Aas, Kadaver von Seehunden und Delphinen, die immer wieder angespült am Strand und auf den Wattensänden liegen. An den küstennahen Straßen suchen Silbermöwen nach überfahrenem Wild, sie folgen pflügenden Landwirten und fangen Regenwürmer und Mäuse, die von der Pflugschar aus dem Boden geworfen werden. Und wintertags, wenn Strand und Wattenmeer unwirtlich geworden und von Eis bedeckt sind, versammeln sie sich mit anderen Arten auf den Müllplätzen und nähren sich vom Abfall.

Leider erbeuten Silbermöwen auch Gelege und Jungvögel anderer Arten; sie können diese regional sogar völlig verdrängen oder vernichten. Einige Möwen verschonen sogar die Brut ihrer eigenen Art nicht.

So zeigt sich uns Menschen mit der Silbermöwe nicht nur ein Tier von schöner Gestalt, sondern auch ein Raubritter der Lüfte, der von der Natur in vielfältiger Hinsicht begünstigt ist. Silbermöwen sind bei der Wahl des Brutplatzes und beim Nahrungserwerb außerordentlich flexibel und anpassungsfähig. Sie gehören zu den klügsten Tieren, die wir kennen, erreichen ein Lebensalter von dreißig, vierzig Jahren und werden selten von Seuchen bedroht. Sie können ebensogut fliegen wie laufen und schwimmen, nur eines kann kaum eine Möwenart – tauchen. Es ist schon erstaunlich, daß die Natur diese Eigenschaft jenen Seevögeln versagt hat: Möwen können nur Hals und Oberkörper eintauchen und nur Fische dicht unter der Wasseroberfläche fangen.

Größere Möwen, namentlich die Silbermöwen, haben, anders als die allermeisten Tierarten, in der Natur keine Verfolger und Freßfeinde, die den Bestand regulieren. Der oft genannte Seeadler war nie und nirgends so häufig, daß er diese Rolle übernehmen konnte. Und Füchsen entgehen Silbermöwen einfach, indem sie nur dort brüten, wo keine Füchse sind – vor allem auf Inseln. So gehören diese herrlichen, für ihre Umwelt aber nicht ungefährlichen Vögel zu den „erfolgreichsten“ Tierarten der Erde mit einem Verbreitungsgebiet, das – unterteilt in geographische Rassen – rund um die Küsten der nördlichen Halbkugel unserer Erde reicht. Allein an der deutschen Nordseeküste leben gegenwärtig über 35000 Brutpaare. Hauptbrutplatz ist die ostfriesische Sandinsel Memmert mit fast 15000 Brutpaaren, aber auch Langeoog (knapp 7000 Brutpaare), Spiekeroog, Juist und Lütje Hörn sind mit Tausenden von Silbermöwen bevölkert. Über 5000 Brutpaare verzeichnet auch die Sandinsel Mellum an der Außenjade. Und auf den Inseln vor der schleswig-holsteinischen Westküste sind Trischen und Amrum mit jeweils zwei- bis dreitausend Paaren Hauptbrutplätze dieser Möwenart. Früher fand sich die Silbermöwe auch in großer Zahl in den Dünen von Sylt. Dort wurde sie durch übermäßiges Eiersammeln und durch Militärübungen zunehmend gestört; gänzlich vertrieben wurde der Vogel aber erst, als über den 1927 gebauten Hindenburgdamm Füchse auf die Insel gelangten und sich dort vermehrten.

In früheren Jahrhunderten, aber auch in den wirtschaftlichen Notjahren der jüngsten Zeit, etwa im Gefolge beider Weltkriege, spielten Möweneier für die Ernährung der Küsten- und Inselbevölke-

rung eine beachtliche Rolle. Die Besitzer des Listlandes auf Sylt „ernteten" und verkauften beispielsweise jährlich über 10000 Eier und ließen ihre Dünen durch einen Gendarm bewachen, weil immer wieder unbefugte Insulaner, aber auch Schiffer und Fischer aus dem benachbarten Dänemark heimlich durch das Gelände streiften.
Das Eiersammeln war auf die Zeit bis Mitte Juni beschränkt, so daß den Silbermöwen ein Nachgelege für eine erfolgreiche Brut blieb. Heute unterliegen Silbermöwen dem Jagdrecht. Sie dürfen geschossen werden, was aber kaum geschieht, da Möwenbraten nur in Notzeiten auf den Tischen inselfriesischer Küchen standen. Immer noch dürfen Möweneier von Jagdpächtern oder dazu Beauftragten gesammelt werden. Als „Delikatesse" haben die Eier allerdings keine Bedeutung mehr. Sie sind, wie Analysen ergeben, mit Schadstoffen aus Müllabfällen hoch belastet. Allerdings weiß man nicht, ob den Analysen zu trauen ist – oder den Möweneiern. Denn aus allen belasteten Eiern schlüpfen gesunde Küken und tragen zur weiteren Vermehrung der Art bei.
Wo Silbermöwen Schutzgebiete besiedeln, die anderen, selteneren Seevogelarten, etwa Brand- und Zwergseeschwalben, Brandgänsen und Eiderenten vorbehalten sind, müssen die Vogelwärter gelegentlich energischer eingreifen, um ein Überhandnehmen der Silbermöwen zu verhindern. Dazu gehört das durchgehende Eiersammeln über die Nachgelege hinaus oder das Täuschen der Möwen durch den Austausch der Eier gegen ähnlich gestaltete und gefärbte Gips- und Holzeier. Zeitweilig wurden die Möwen auch abgeschossen oder am Brutplatz vergiftet, während die gegenwärtige Philosophie dahin geht, die Tiere in Ruhe zu lassen und auf eine mögliche Selbstregulierung zu hoffen. Denn trotz aller Verfolgungsmaßnahmen haben die Silbermöwen sich weiter vermehrt.
Silbermöwen sind dankbare Objekte zoologischer Forschung, und ihr Lebenslauf ist bis ins Detail bekannt. Im vierten, fünften Lebensjahr erst erfolgt die Verpaarung, dann bleiben sich die meisten Möwenpaare jahrzehnte-, ja sogar lebenslang „treu", obwohl sie nicht, wie andere Vögel – etwa Schwäne, Gänse, Rebhühner, Rabenvögel – in Dauerehe zusammenleben. Im Winter, außerhalb der Brutzeit, fliegen sie verschiedene Wege, aber im Frühjahr treffen sich die Paare wieder und besetzen in der Regel auch den vorjährigen Brutplatz, im Bereich deutscher Küsten vorwiegend im Dünengelände der Ost- und Nordfriesischen Inseln, aber auch im Gras der Halligwiesen oder auf bloßem Sande einsamer Bänke im Watt.
Schon Ende Februar zeigen sich erste Möwenpaare rufend am Himmel über ihren Brutplätzen. Aber eine eigentliche Besiedlung erfolgt erst ab Mitte April. In den Kolonien werden heftige Revierkämpfe um den Besitz der einzelnen Plätze ausgefochten, und immer wieder erklingen die Warnrufe, das charakteristische „Küo küo küo küo" als Drohung gegen zu nahe kommende Nachbarn. In der ersten Maihälfte ist das große Bodennest gebaut und wenig später das Gelege mit drei Eiern komplett. Die Eier sind braun oder grün, oft auch graublau und stets mit vielen dunklen Flekken übersät. Sie dienen der Tarnung, obwohl die Silbermöwe – wie erwähnt – keine tierischen Räuber zu fürchten hat. Männchen und Weibchen brüten gemeinsam rund vier Wochen, wobei offenbar der männliche Partner die größere Rolle spielt. Das Männchen ist auch jene Möwe, die im Sturzflug auf Störenfriede und Eiersammler herunterstößt und diese erheblich verletzen oder mit Kot überschütten kann.
Ebenso betreuen die Eltern gemeinsam ihre Jungen, die sie an der Stimme wie auch an der individuellen Fleckenzeichnung des weißgrauen Dunenkleides erkennen. Eine Silbermöwe wird niemals benachbarte, für unser Menschenauge gleichartig aussehende Junge füttern. Wechselweise fliegen die Eltern zum Strand und in das Wattenmeer und kehren mit Nahrung zurück, die aus dem Vormagen für die Jungen herausgewürgt wird. Zunächst wird diese Nahrung im Schnabel hingehalten, und der typische, blutrote Fleck an der Schnabelspitze des Altvogels ist der Zielpunkt für die Jungen. Ein Elternvogel bleibt, vor allem in den ersten Lebenswochen, bei den Jungen, um diese gegen Feinde, vor allem gegen die in der Kolonie herumgeisternden „Kannibalen", zu schützen. Im übrigen pflegen Eltern und Kinder wenig Kontakt. Die Jungen verlassen bald nach dem Schlüpfen das Nest und verstecken sich im Strandhafer, in Heide und Gras in der nächsten Umgebung. Sie regen sich erst, wenn der futterbringende Altvogel erscheint, und kommen aus der Deckung. Dort, wo die Jungen gefüttert werden, häufen sich bald Herzmuscheln und Panzer von Strandkrabben, aber auch, wenn einer der Altvögel ein Raubspezialist ist, Reste von jungen Brandgänsen, Eiderenten und Austernfischern.

Nach etwa vierzig Tagen werden junge Silbermöwen flügge und versammeln sich dann gern auf Dünenrücken, noch immer auf die Fütterung durch die Elternvögel wartend. Doch dann kommt eine schwierige Zeit, die vielen Jungmöwen ein frühes Lebensende setzt. Die Eltern verlassen ihren Nachwuchs, und dieser muß sich nun selbst versorgen. Zahlreiche Jungmöwen finden sich nicht zurecht; die Todesrate ist zunächst sehr hoch. Etwa die Hälfte kommt nicht durch die Nahrungsschwierigkeiten des Winters.

Junge Silbermöwen haben – wie die Jungen anderer Großmöwen – im ersten Lebensjahr ein braungesprenkeltes Gefieder. Von Jahr zu Jahr wird das Federkleid heller und weißer, bis es im vierten Sommer das typische Weiß mit den silbergrauen Flügeldecken zeigt. Nun ist die Jungmöwe ausgefiedert, sucht sich einen Brutpartner und mit diesem einen Brutplatz innerhalb bestehender Möwenkolonien – ein Vorhaben, das nicht immer gelingt. So gibt es neben den Brutvögeln immer auch große Scharen von Altvögeln, die sommertags an der Küste und im Wattenmeer unterwegs sind, ohne zu brüten.

Nach der Brutzeit streifen Jung- und Altvögel im Küstenbereich herum und orientieren sich – noch vor Einbruch des Winters – zu den Müllplätzen der Städte. Dabei fliegen sie weit ins Binnenland, nur wenige bleiben an der Nordseeküste zurück. Eigentliche Zugvögel mit Winterquartieren an südlichen Gestaden sind Silbermöwen aber nicht.

Silbermöven sind, wie erwähnt, kluge, gewandte und anpassungsfähige Vögel. Zugleich gehören sie zu jenen wenigen Lebewesen, die über eine Vielfalt verschiedenster Lautäußerungen verfügen, mit denen sie Verhaltensweisen und Handlungen begleiten oder auch regelrechte „Gespräche“ mit ihrem Partner und mit der Nachbarschaft führen. Rund zwanzig verschiedene Laute und Rufe begleiten das Möwenleben bei Balz und Brut, bei Nahrungssuche und Brutpflege, bei Warnung und Revierverteidigung, Ruhe und Unruhe.

Herings-, Sturm- und Lachmöwen

Auf der Erde gibt es 44 Möwenarten, von denen etliche der heimischen Silbermöwe sehr ähnlich sind. Zu den unmittelbaren Verwandten gehört die an ihren grauen oder schwarzen Flügeldecken deutlich zu erkennende Heringsmöwe, die sich dort, wo beide Arten vorkommen, manchmal mit Silbermöwen verpaart. Untrügliches Unterscheidungsmerkmal gegenüber der ähnlichen, aber größeren Mantelmöwe (Larus marinus) sind die gelben Beine. Im Bereich nordischer Küsten kommt die Heringsmöwe in mehreren Unterarten vor. Die westliche Unterart (Larus fuscus graellsii) hat Flügeldecken in einem sehr hellen Grau. Sie brütet auf Island, auf den britischen Inseln, an der Küste der Bretagne, auf niederländischen und ostfriesischen Inseln. Hingegen ist die Unterart Larus fuscus intermedius mit fast schwarzen Flügeldecken Brutvogel auf den Inseln an der schleswig-holsteinischen Westküste mit Schwerpunkt Amrum.

Fast alle Möwenarten haben sich in den letzten Jahrzehnten stark vermehrt und verbreitet, aber die Heringsmöwe hat einen besonders eindrucksvollen Ausbreitungsfeldzug längs der deutschen Nordseeküste zu verzeichnen. Noch um 1970 kam sie mit etwa 120 Brutpaaren regelmäßig nur auf der nahe Borkum gelegenen Sandinsel Memmert vor, dann folgte Anfang der siebziger Jahre ein erster Brutnachweis auf der Sandinsel Mellum an der Außenjade östlich der Ostfriesischen Inseln. Inzwischen aber brüten auf dem Memmert über tausend Paare, und nahezu alle anderen ostfriesischen Inseln weisen heute kleine oder größere Brutvorkommen auf. Ebenso dynamisch verlief die Besiedlung der schleswig-holsteinischen Westküste. Die Heringsmöwe, die hier vorher nicht einmal häufiger Gastvogel war, brütete 1968 erstmalig in den Dünen der Amrumer Odde. Lange blieb es bei einem Paar, das Jahr für Jahr zum gleichen Brutplatz inmitten von Silbermöwen zurückkehrte. Dann aber fanden sich im Laufe der siebziger Jahre weitere Paare ein, und wenig später war das geeignete Dünengelände der ganzen Insel besiedelt. 1985 wurden an die 200 Brutpaare gezählt, fünf Jahre später waren es schon an die 400. Auffallend ist, daß die Heringsmöwe den Silbermöwen die höheren Dünen überläßt, selbst aber mit Vorliebe in flachen Tälern brütet, wo Sandsegge, Heide und Kriechweide wachsen.

Austernfischer sind die „Charaktervögel" der Nordseeküste. Ob Sommer oder Winter, immer füllen Scharen dieser Vögel Luft und Landschaft.

Gleichzeitig mit Amrum wurde auch die Insel Trischen vor der Küste von Dithmarschen besiedelt, und neuerdings werden Bruten auch von den Sandinseln in der Elbe gemeldet. Damit hat sich binnen weniger Jahre die Kette des Heringsmöwen-Vorkommens längs der gesamten deutschen Nordseeküste geschlossen.

Wenn sich eine Vogelart stark vermehrt, liegt oft ein entsprechendes Nahrungsangebot vor. Im Gegensatz zum Allesfresser Silbermöwe ist die Heringsmöwe auf Fische spezialisiert; sie findet sich daher weniger auf dem Lande und im Watt als draußen auf See. Aus der Vielzahl der Heringsmöwen läßt sich auf die Häufigkeit ihrer Beutefische schließen, vor allem Schwärme kleiner Heringe. Möglicherweise steht die Vermehrung von Fischen in Zusammenhang mit der Zunahme von Algen infolge einer Eutrophierung der Nordsee durch Nitrate und Phosphate, die das Algenwachstum begünstigen. Algen aber stehen am Anfang vieler Nahrungsketten, die über Flohkrebse und Fische zu Seevögeln und Seehunden reichen.

Der Zuwachs an Heringsmöwen ist weniger problematisch für die anderen Arten als die Vermehrung der Silbermöwe, denn Heringsmöwen kommen anderen kaum als Nahrungskonkurrenten ins Gehege und machen sich auch nicht als „Räuber" über Gelege und Jungvögel anderer Arten her. Heringsmöwen tummeln sich deshalb auch nur selten in der Nähe von Menschen, sie begleiten allerdings die Fischkutter, von deren Fangabfällen sie partizipieren.

Noch in anderer Hinsicht unterscheidet sich die Heringsmöwe von den anderen einheimischen Arten: Sie ist ein Zugvogel mit Winterquartier in Afrika. Die Heringsmöwen der Ostsee folgen den europäischen Flüssen und fliegen über Land durch Mittel- und Südeuropa bis zum Mittelmeer, ja nilaufwärts bis zu den zentralafrikanischen Seen. Die Heringsmöwen der Nordsee aber folgen der Küste bis nach Westafrika. Erst im April kehren sie in ihre Brutheimat zurück.

Die Sturmmöwe (Larus canus) ist das kleine Abbild der Silbermöwe und auf den ersten Blick kaum zu unterscheiden. Doch fehlen ihr der rote Schnabelfleck und die bernsteingelbe Iris, die das Silbermöwenauge so scharf und spähend erscheinen läßt. Die Augen der Sturmmöwe wirken fast schwarz. Auch ist sie etwa um ein Drittel kleiner als ihre große Verwandte, ein Unterschied, den man draußen im Gelände allerdings nur beim unmittelbaren Nebeneinander beider Arten bemerken kann. Am ehesten noch erkennt man die Sturmmöwe, die übrigens recht ruffreudig ist, an ihrer Stimme, ein lautes und scharfes „Meo meo". Früher kam sie vor allem an der Ostseeküste vor und galt dort als Charaktervogel. Noch heute gibt es große Brutkolonien in den dortigen Schutzgebieten, insbesondere auf den Graswardern bei Heiligenhafen. Im 19. Jahrhundert war die Sturmmöwe als Brutvogel an der Nordseeküste nur auf Sylt und Amrum mit wenigen Paaren vertreten. Auch heute noch ist sie – verglichen mit den anderen hiesigen Arten – selten. Der bedeutendste Brutplatz mit über sechshundert Paaren ist Amrum, etwa einhundert Paare brüten auf Norderney, ebensoviele auf Langeoog. Neuerdings wird eine zunehmende Brutbesiedlung binnenländischer Moore und Seegebiete registriert.

Wo Silber- und Sturmmöwen gemeinsam brüten, sind letztere fast nur in den Randgebieten zu finden und konzentrieren sich dort in kleinen Kolonien – offenbar als Abwehrmaßnahme gegen die größeren Verwandten, an die dennoch manches Gelege und mancher Jungvogel verlorengeht. Andererseits ist auch die Sturmmöwe bei der Nahrungssuche nicht wählerisch und raubt in oft erheblichem Umfang Gelege und Junge anderer Arten. Gern erscheint sie an Badestränden und läßt sich mit Brot und Keksen füttern, lauert in den Badeorten auf Küchenabfälle, macht sich aber auch im Nu über Torten und Teller in den Kaffeegärten her. Hier zeigen sich Sturmmöwen von beachtlicher Kühnheit und Aggressivität. Erstaunlich ist auch ihre Fähigkeit, aus unglaublich weiten Entfernungen Nahrungsbissen zu identifizieren. Über Küstenorte hoch hinwegfliegende Sturmmöwen erspähen mühelos Kekse und Brotreste auf der Straße und unterscheiden diese von Papier oder sonstigem Abfall. Wenn es geregnet hat, sieht man Scharen dieser Möwen auf den Wiesen, wo sie Regenwürmer erbeuten. Ebenso folgen sie pflügenden Landwirten. Hingegen sieht man sie seltener im Wattenmeer – ein Hinweis, daß die Sturmmöwe hinsichtlich der Nahrungssuche vorwiegend auf das Land spezialisiert ist, zumal im Hauptverbreitungsgebiet an der Ostseeküste, wo wegen fehlender Gezeiten kein Watt vorhanden ist.

Viele Landschaften haben im Laufe jüngerer Zeit ihre Vogelwelt durch menschliche Eingriffe und Ausbeutung der Lebensräume verloren, insbesondere durch die moderne Landwirtschaft. An der

Nordseeküste aber haben sich fast alle Vogelarten seit der Jahrhundertmitte beachtlich vermehrt. Neue Arten sind eingewandert, wie die bereits genannte Heringsmöwe, aber auch die Lachmöwe (Larus ridibundus). Letztere war früher eine Binnenlandmöwe, eine Möwe der Schilfseen und Lachen, wonach sie auch benannt ist. Erst in den dreißiger Jahren unseres Jahrhunderts fand sie ihren Weg zur Nordseeküste und brütete zunächst auf der kleinen Seevogelhallig Norderoog. Die Besiedelung anderer Inseln erfolgte in den fünfziger Jahren, und heute ist die Lachmöwe dabei, die Charaktermöwe der Nordsee, die Silbermöwe, im wahrsten Sinne des Wortes zu „überflügeln". An der schleswig-holsteinischen Westküste etwa ist die Anzahl der Lachmöwen mehr als doppelt so hoch wie jene der Silbermöwen. Hier haben kleine und große Kolonien – begünstigt durch Eindeichungsmaßnahmen etwa des Rantum-Beckens von Sylt, des Hauke-Haien-Koogs, des Beltringharder Koogs, der Eidermündung und der Meldorfer Bucht – die Halligen sowie die Vorländer und Marschen der Inseln besiedelt. Überall in diesem Gebiet sind großräumige Lagunenlandschaften und Speicherseen entstanden, die der Lachmöwe sturmflutsichere Brutplätze bieten.

Aber auch vor und hinter den Deichen der ostfriesischen Küste sowie auf den Ostfriesischen Inseln sind Lachmöwen mit Tausenden von Brutpaaren vertreten. Mit ihrem heiseren „rrau" und „krakra" erfüllen sie Landschaft und Luft.

Alle Möwen sind Koloniebrüter, aber Lachmöwen nisten besonders konzentriert. Oft liegen die Nester kaum einen Meter auseinander, und ständig erfüllt großer Lärm die Lachmöwenkolonien, weil die Paare unentwegt miteinander zanken, um ihren Platz zu markieren. Ein Wunder, daß in diesem Durcheinander jedes Paar sein Nest wiederfindet und später auch die Jungen erkennt, zumal diese oft mit anderen durcheinanderlaufen. Aber schon durch Lautäußerungen im Ei und durch die individuell unterschiedliche Zeichnung des Dunenkleides erscheinen sie den Elternvögeln als unverwechselbar. Was sich für Menschenohren gleich anhört und für Menschenaugen gleich aussieht, hat doch ganz unterschiedliche Merkmale. Niemals füttern Altvögel Junge, die ihnen nicht gehören – während Jungvögel allerdings in ihrer Nahrungsgier öfter auch fremde Altmöwen anbetteln. Lachmöwen suchen ihre Nahrung, meist Würmer, auf den Wiesen, fangen Insekten in der Luft, treiben sich in Häfen herum und begleiten Schiffe. Die kleine, zierliche Möwe kann aber auch ein empfindlicher „Räuber" sein. Mancher kleine Kiebitz, Rotschenkel oder Säbelschnäbler wird bei Gelegenheit erbeutet. Andererseits zahlt die Lachmöwe wieder ihren Tribut an die größere Silbermöwe. Wenn die sommerliche Brutzeit zu Ende geht, verlieren die Lachmöwen ihr schokoladebraunes Kopfgefieder, nur ein dunkler Fleck hinter den Augen bleibt übrig. So sieht man sie dann im Winter an Stadtteichen überall im Binnenland und in Hafenstädten, wo sie auf die eine oder andere Weise von Abfall und menschlicher Fütterung leben.

Wie gebietsweise die Kolonien der Silbermöwen, werden auch jene der Lachmöwen kommerziell genutzt. Die Erstgelege werden abgesammelt und verkauft, während das Nachgelege zum Ausbrüten bleibt. Vereinzelt wurden in den letzten Jahren – oft in Verbindung mit Lachmöwenkolonien – auch Bruten der seltenen Zwergmöwe (Larus minutus) an deutschen Küsten registriert. Sie ist aus dem Baltikum eingewandert und unterscheidet sich von der ähnlichen Lachmöwe durch das über den Nacken bis zum Hals reichende schwarze Kopfgefieder.

Silbermöwen sind die häufigsten Brutvögel auf den Inseln und Halligen – links ein Paar am Nistplatz in den Dünen. Aber sie können auch arge „Räuber" sein, insbesondere im Sommer, wenn sie ihre Jungen versorgen müssen, die überall im Gelände herumlaufen.

Der Vogelfelsen Helgoland

Als weitere Möwenart brütet an der Nord-Nordseeküste die zierliche Dreizehenmöwe (Larus tridactylus). Als Felsenvogel kommt sie im Bereich der Deutschen Bucht nur an der Westklippe von Helgoland vor. Unzählige Felssimse und -vorsprünge sind dort mit den aus Algen gebauten und mit kalkweißem Kot verfestigten Nestern dieser Möwen belegt. Über 2000 Paare brüten hier, und von April bis Juli ist das ständige „Kitti-wääk" der Vögel zu hören, die zwischen Felswand und Meer hin- und hertreiben. Im Gegensatz zu den anderen Möwenarten, die drei Eier legen, hat die Dreizehenmöwe nur zwei im Nest. Mit drei Jungen wäre das Gedränge groß, die Jungvögel würden über den Nestrand in den Tod stürzen. Dreizehenmöwen, so genannt, weil ihnen der Hinterzeh fehlt, sind ausgesprochene Meermöwen, die nur zur Brutzeit das Land aufsuchen. Sie leben von Kleinfischen, die sie dicht unter der Wasseroberfläche erbeuten.

Die Westklippe von Helgoland bietet noch weiteren Seevögeln Brutplätze. Fast gleichzeitig mit den Dreizehenmöwen versammeln sich im Frühjahr Tausende von Trottellummen auf Felssimsen und -platten, um dicht an dicht für Nachwuchs zu sorgen. Dabei legt die Lumme, deren Gestalt an einen Pinguin erinnert, in eine Delle auf dem kahlen Felsboden – ohne Nest – nur ein einziges Ei in einer so speziellen Form, daß es – im Gedränge einmal angestoßen – nicht herunterrollen und in die Nordsee fallen kann. Den Fall in die Tiefe müssen aber die jungen Lummen wenige Wochen nach dem Schlüpfen wagen! Gelockt von den Eltern, springen die noch flugunfähigen Tiere über den Klippenrand fast fünfzig Meter tief ins Meer und schwimmen dann im Familienverband hinaus auf die Nordsee.

Neben den Lummen haben sich in jüngerer Zeit noch weitere felsbrütende Seevögel angesiedelt – der Eissturmvogel und der Tordalk. Aber Helgoland ist der einzige Vogelfelsen an deutschen Küsten, der diesen – und vielleicht noch anderen – Arten Brutmöglichkeiten bietet. Andernorts kann man diese Vögel nur als gelegentliche Gäste erwarten.

Seeschwalben – Sommergäste

Ein Augusttag an der Nordseeküste. Harte, herrische Rufe, „Kirrek kirrek", erklingen über dem Meer. Bald haben unsere suchenden Augen den Vogel, eine Brandseeschwalbe, entdeckt und verfolgen ihren Flug, bis er sich im Himmelsblau der Ferne auflöst. Weitere Seeschwalben, darunter auch Eltern mit ihren gerade flügge gewordenen Jungen, fliegen rufend über Strand und Meer. Noch leuchtet die Landschaft mit weißen Sänden, gebleichten Muschelschalen und milder Brandung – aber die Stimmen der südwärts ziehenden Vögel verkünden, daß der Sommer zu Ende geht.

Seeschwalben sind wahre Sommergäste an unserem Strand. Sie kommen als letzte der Seevögel, erst im April, viele erst Anfang Mai, und ziehen schon im Juli, August wieder davon, um ihre Winterquartiere am anderen Ende unserer Erde zu erreichen. Keine andere Vogelart kommt in ihrem Leben so weit herum wie die nordische Seeschwalbe, kein Lebewesen sieht so lange die Sonne scheinen. Vom Spätsommer der Nordhalbkugel wandern die Seeschwalben hinein in den Frühling des Südens und aus dem dortigen Spätsommer hinein in den Frühling des Nordens. Den Rekord an Wegen und Weiten hält die Küstenseeschwalbe. Sie brütet noch einige hundert Kilometer nördlich von Thule auf Grönland und auf den Eismeerinseln – weiter nördlich als irgendeine andere Vogelart. Aber auch von dort zieht sie im Spätsommer über den Atlantik zu den afrikanischen Küsten und weiter bis zum Rand der Antarktis, wo sie ihr Winterquartier findet – ohne dort zu brüten. Wenn die Vögel dann im April in ihre nordische Brutheimat zurückkehren, haben sie 30000 bis 40000 Flugkilometer zurückgelegt. Erstaunlich ist, daß die Vögel weite Strecken über dem Meer ohne Zwischenrast überwinden. Zwar haben Seeschwalben wie Möwen, Enten und andere Wasservögel Schwimmhäute zwischen den Zehen, zwar erbeuten sie ihre Nahrung – Fische – stoßtauchend aus der Flut, aber nur selten lassen sich die Tiere ruhend auf dem Wasser nieder – offenbar weil ihr Gefieder für längeres Schwimmen nicht geeignet ist. Gerastet wird vor allem auf Inseln und auf Treibgut.

Seeschwalben haben keine verwandtschaftliche Beziehung zu unseren Landschwalben, sie stehen hinsichtlich ihrer stammesgeschichtlichen Ent-

wicklung den Möwen am nächsten. Ihren Namen haben sie wegen des gegabelten Schwanzes erhalten.
Von den 42 Seeschwalbenarten unserer Erde brüten derzeit nur fünf an Küsten und auf den Inseln der deutschen Nord- und Ostsee. Zwei weitere Arten sind um die Jahrhundertwende infolge anhaltender Störungen durch Eiersammler und Jagd aus der hiesigen Landschaft verschwunden: die große Raubseeschwalbe (Sterna caspia) und die Rosenseeschwalbe (Sterna dougalli). Erstere brütete auf dem Ellenbogen des Listlandes von Sylt, letztere in den Dünentälern von Amrum. Eine andere Art, die Lachseeschwalbe (Gelochelidon nilotica), ist ein unsteter Brutvogel an der deutschen Nordseeküste. Jahrzehntelang verschwunden, erschien er erst wieder in den sechziger Jahren mit kleinen Brutkolonien in den Lagunenlandschaften der Speicherbecken eingedeichter Köge (Hauke-Haien-Koog, Rantum-Becken auf Sylt, Meldorfer Bucht, Grüne Insel Eidermündung) und auf künstlichen Sandinseln bei Sylt. Dieses nördliche Vorkommen der Lachseeschwalbe ist völlig isoliert von der übrigen Verbreitung in warmen Zonen unserer Erde, und möglicherweise handelt es sich bei diesen kleinen Kolonien um Relikte einer früheren Warmzeit. Die Lachseeschwalbe hat nur einen schwach gegabelten Schwanz und erinnert im Flug eher an eine Möwe. Sie stößt auch nicht tauchend nach Fischen, sondern fliegt über Dünen, Marschen und Felder, um Würmer, Eidechsen, Mäuse, aber auch Jungvögel und Insekten zu erbeuten. Unverdauliche Nahrungsreste liegen – wie bei den Möwen – als Speiballen am Nestrand.
Allerdings – auch andere Seeschwalbenarten können sehr unstet sein, sie erscheinen zu Hunderten oder gar Tausenden an einer Küste, auf einer Insel oder Hallig, brüten einmal oder einige Jahre und sind dann plötzlich, ohne erkennbaren Grund, wieder verschwunden.
Zu diesen unsteten Vögeln gehört auch die Brandseeschwalbe (Sterna sandvicensis), deren beständigster und zeitweilig auch einziger Brutplatz im Bereich deutscher Küsten die kleine Hallig Norderoog im nordfriesischen Wattenmeer ist. Im vorigen Jahrhundert sollen hier Hunderttausende gebrütet haben, und der Himmel soll dunkel gewesen sein, wenn all diese Vögel aufgescheucht wurden. Sicherlich sind diese Angaben übertrieben, aber einige zehntausend Brandseeschwalben mögen es gewesen sein, deren Brutheimat Norderoog war. Leider wurden die Kolonien oft und empfindlich gestört, weil auch hier die Gelege abgesammelt und zu Nahrungszwecken für die Halligbewohner oder – falls angebrütet und ungenießbar – als Schweinefutter Verwendung fanden. Zwar überließ der Besitzer der Hallig, die seit der großen Sturmflut von 1825 unbewohnt war, den Seeschwalben die Nachgelege zur Brut, er konnte deren Schutz aber nicht kontrollieren. So legten immer wieder Schiffer und Fischer an und füllten Körbe und Eimer mit Seeschwalbeneiern. Erst im Jahre 1909 konnte der in Hamburg gegründete Seevogelschutzverein „Jordsand“ die Hallig erwerben und durch einen Vogelwärter bewachen lassen. Heute brüten um die 2000 Paare der Brandseeschwalben auf der Hallig, und es ist immer noch ein imponierendes Bild, wenn die Vögel – vielleicht von einer vorbeifliegenden Silbermöwe gestört – wie die Federwolke eines ausgeschütteten Kissens aufwirbeln, um bald darauf mit ohrenbetäubendem Lärm wieder auf ihre Nester einzufallen. Dicht an dicht liegen dort die Gelege, durchschnittlich nur etwa dreißig bis fünfzig Zentimeter voneinander entfernt, so daß auch die brütenden Vögel keine Ruhe kennen. Immer wieder gilt es, mit gesträubtem Nackengefieder gegenüber den Nachbarn den kleinen Platz zu behaupten, Störenfriede während des Brutwechsels anzukeckern und in ihre Grenzen zu verweisen.
Besonders zu leiden haben Austernfischer, die immer wieder mit ihrem Gelege in solche Brutkolonien eingeschlossen werden. Der Gang zum und vom Nest wird zu einem „Spießrutenlaufen“, vorbei an Dutzenden von Seeschwalbenschnäbeln. Nicht selten werden die Jungen dieser Austernfischer bei ihrem Weg aus der Kolonie totgehackt.
Große Brandseeschwalbenkolonien bildeten sich auch auf der wandernden Insel Trischen vor Dithmarschen, auf der Sandinsel Scharhörn vor der Elbmündung, auf dem Knechtsand und auf den Ostfriesischen Inseln. Doch war ihr Dasein oft nur von kurzer Dauer. Nur auf Trischen und Scharhörn blieben die Brandseeschwalben bis heute Brutvögel. An der Ostseeküste sind die Schleiinsel Oehe und die Graswarder bei Heiligenhafen zeitweilig Brutplätze dieser Seeschwalbenart.
Brandseeschwalben kehren erst Mitte Mai in die Brutheimat zurück, erscheinen aber sehr konzentriert innerhalb weniger Tage und beginnen unmittelbar nach der Ankunft mit der Brut. Viele Tiere sind, offenbar in Dauerehe lebend, bereits ver-

Silbermöwen sind „Koloniebrüter", achten aber darauf, daß andere ihrem Brutplatz nicht zu nahe kommen. Auch der Luftraum über dem Brutrevier wird mit Drohgebärden und Warnrufen in die Verteidigung einbezogen.

Oben: Eine Sturmmöwe landet am Nest. Sie ist sozusagen eine verkleinerte Ausgabe der Silbermöwe und kommt in oft dichtbesetzten Kolonien an der Ost- und Nordseeküste vor.

Unten: Die mohrenköpfige Lachmöwe hat sich erst Mitte dieses Jahrhunderts Küsten, Inseln und Halligen erobert. Sie brütete früher im Binnenland.

paart. Andere zeigen ihre eigenartigen Balzrituale mit den herunterhängenden Flügeln und erstreiten sich wenig später ihren Platz in der Kolonie. Brandseeschwalben legen nur ein oder zwei Eier. Erstaunlich, daß auch bei diesen Vögeln jedes Paar in der dicht belegten Kolonie stets das eigene Gelege erkennt. Noch erstaunlicher, daß die Eltern nachher bei der Fütterung aus Tausenden von Jungvögeln ihre eigenen herausfinden und schon beim Anflug mit erbeuteten Fischen Rufkontakt herstellen. Kaum sind die Jungen flügge, brechen die Eltern mit ihrem Nachwuchs auf und ziehen, der Küstenlinie folgend, nach Süden – der Sonne entgegen.

Weiter verbreitet, aber in der Regel nur auf einigen wenigen Vogelschutzinseln in größeren Kolonien auftretend, sind Küsten- und Flußseeschwalben (Sterna paradisaea und Sterna hirundo). Beide Arten sind sich sehr ähnlich und brüten gern in Gesellschaft miteinander, doch wurde noch keine „Mischehe“ registriert. Der auffälligste Unterschied zwischen beiden Arten ist der rein karminrote Schnabel der Küstenseeschwalbe, während die Flußseeschwalbe eine schwarze Schnabelspitze hat. Allerdings gibt es auch Unterschiede hinsichtlich der Brutbiologie. Flußseeschwalben, die ursprünglich im Binnenland beheimatet waren und erst im Lauf unseres Jahrhunderts ihren Weg zur Meeresküste fanden, bauen noch ein richtiges Nest, weil an ihren früheren Brutorten, auf Flußinseln und an Seeufern, das Gelege – drei Eier – gegen steigende Wasserstände geschützt werden mußte. Die Küstenseeschwalbe hingegen dreht in der Regel nur eine einfache Sandmulde in den Boden und legt ein oder nur zwei Eier hinein. Es gibt allerdings auch Ausnahmen von dieser Regel.

Ein weiteres Unterscheidungsmerkmal zwischen Fluß- und Küstenseeschwalben ist dann oft schmerzhafter Natur: Küstenseeschwalben greifen Störenfriede im Brutgebiet heftig an und treffen den Menschenkopf nicht selten mit empfindlichen Schnabelhieben, während sich Flußseeschwalben in der Sorge um ihre Brut mit aufgeregtem Geschrei begnügen. Brutplätze beider Arten findet man auf Halligwiesen und in Deichvorländern, in kurzgrasigen Dünentälern und auf kies- und muschelbedeckten Stränden, aber auch auf deckungslosen Sandbänken, wobei letztere von der Küstenseeschwalbe bevorzugt, von der Flußseeschwalbe aber gemieden werden. Wegen der Angriffslust und Verteidigungswut der Küstenseeschwalbe – auch die großen Silbermöwen werden hart attackiert und vertrieben – suchen andere Seevögel zum Schutz ihrer eigenen Brut deren Nähe. Andererseits ist diese Seeschwalbe auch gegenüber der eigenen Art sehr aggressiv. Fremde Jungvögel, die in das Revier einer Küstenseeschwalbe geraten, werden erbarmungslos totgehackt. Weil die jungen Seeschwalben viel herumlaufen, ist die „Mordrate“ nicht gerade gering.

Wie andere Seeschwalbenarten erbeuten auch Küsten- und Flußseeschwalben ihre Nahrung, kleine Fische und Krebstiere, stoßtauchend aus dem Meer. Schließlich haben sie ebenfalls gelernt, den Fährschiffen zu Inseln und Halligen zu folgen. Sie lassen sich aber nicht – wie die Möwen – von Kurgästen füttern, sondern fangen das Meeresgetier, das von den Schiffsschrauben an die Oberfläche gewirbelt wird. Fische spielen auch beim Verpaarungszeremoniell eine Rolle. Das Männchen hält einer „Auserwählten“ einen Fisch vor den Schnabel, und die Annahme dieser „Hochzeitsgabe“ besiegelt die Ehe. Die Jungen werden ausschließlich mit Fischen gefüttert, wobei ihnen die Eltern die Beute so vorhalten, daß sie mit dem Kopf voran geschluckt werden kann. Es ist schon erstaunlich, wie Tobiasfische, Sandspierlinge und Exemplare anderer Arten im Schnabel der Jungvögel verschwinden, obwohl sie letztere an Körperlänge übertreffen. Oft hängt das Schwanzende des Fisches noch längere Zeit aus dem Schnabel, während das Vorderteil verdaut wird.

Junge Seeschwalben sind „unechte“ Nestflüchter. Sie verlassen zwar bald nach dem Schlüpfen das Nest und verstecken sich in der Umgebung, müssen aber von den Altvögeln bis weit über das Stadium des Flüggewerdens hinaus gefüttert werden. Frühzeitig machen sie sich auf nach Süden, um Küsten, Kontinente und Weltmeere unter ihre weittragenden Schwingen zu bringen.

Weiß leuchtet der von der Sommersonne getrocknete und mit Muschelschalen übersäte Sand der Bänke und Inselstrände, sanft laufen die Wellen eines windstillen Tages auf. Die Luft flimmert warm, und die Halligen steigen wie eine Fata Morgana glasig über den Horizont. Ein weiches „Witt witt widdewitt“ ist zu hören, aber wir müssen lange mit dem Fernglas suchen, ehe wir in dieser Landschaft den Rufer, eine Zwergseeschwalbe (Sterna albifrons), entdecken, da der weiße Vogel fast völlig im weißen Sande und im Gewirr der Muscheln verschwindet. Der deutsche Name kennzeichnet

treffend die kleinste unserer einheimischen Seeschwalben, der lateinische bezieht sich auf ein charakteristisches Merkmal, die weiße Stirn der sonst schwarzen Kopfplatte.
Zwergseeschwalben lieben den flachen Strand und sind deshalb von allen Seevögeln am meisten bedroht. Fast überall am Sandstrand haben sich Fremdenverkehr und Badegäste breitgemacht und den Seeschwalben die Brutheimat genommen, so daß gerade diese Art fast nur noch in abgeschlossenen und bewachten Schutzgebieten zu finden ist. Zwergseeschwalben sind auch sonst in ihrer natürlichen Umwelt ständig bedroht. Sie lieben die Nähe des Meeres, aber bei Sturmfluten, wie sie auch im Sommer zu erwarten sind, wird der Brutplatz überflutet, Gelege und Jungvögel werden weggespült. An trockenen, windigen Tagen hingegen streicht ständig ein feiner Sandflug über die Strände, und die zunächst nur daumengroßen Jungvögel geraten in Gefahr, in dieser deckungslosen Landschaft zu versanden. Hinzu kommen die Möwen, denen keine Bewegung entgeht und die manchen Jungvogel, ungerührt vom Geschrei der machtlosen Eltern, erbeuten. So ist die jährliche Nachwuchsrate an der Meeresküste sehr gering, in stürmischen Sommern nahezu null. Und es ist ein Wunder, daß es die Zwergseeschwalbe an der nördlichsten Grenze ihres Verbreitungsgebietes noch gibt – wenn auch nur noch mit zweihundert bis dreihundert Paaren. Offenbar kommt immer wieder Nachwuchs aus anderen europäischen, afrikanischen und asiatischen Brutplätzen. Die Zwergseeschwalbe ist weit verbreitet, die – wie bei allen Seevögeln – hohe Lebenserwartung sorgt dafür, daß diese zierliche Vogelart trotz der niedrigen Nachwuchsrate an unseren Küsten nicht ausstirbt.

Der Austernfischer und seine Verwandten – die Limikolen

Nicht die Silbermöwe – obwohl hinsichtlich der Brutpaare am häufigsten – ist der eigentliche Charaktervogel der Nordseeküste und des Wattenmeeres, sondern der Austernfischer (Haematopus ostralegus). Er ist der Beherrscher des Luftraums über der Meereslandschaft, den Watten und Wiesen, den Sänden und Dünen. Ob Sommer, ob Winter, ob Tag oder Nacht, immer sind von irgendwoher die Stimmen von Austernfischern zu hören – weit häufiger als jene anderer Vogelarten. Während sich die Möwen als Brutvögel auf einige Inseln und Halligen konzentrieren und dort in mehr oder weniger dichten Kolonien brüten, sind Austernfischer über alle Küstenlandschaften verstreut. Am Sand- und Geröllstrand, auf Salzwiesen vor und auf Marschenwiesen hinter dem Deich, auf Feldmark und Heideland sowie in den Dünen – überall sind die Gelege dieser markanten Vögel zu finden. Sogar auf Flachdächern großer Gebäude in den Seebädern und auf den Sodenfirsten reetgedeckter Friesenhäuser brüten Austernfischer in zunehmender Zahl – ein Kuriosum, das sich offenbar daraus erklärt, daß alle anderen Reviere schon besiedelt sind. Zugleich wandern diese Vögel die Flußläufe hinauf und erobern sich – weit von der Küste entfernt – die Marschen der norddeutschen Tiefebene. Austernfischer haben sich, begünstigt durch ihre Anpassungsfähigkeit bei Nahrung und Brutrevier, in den letzten Jahrzehnten außerordentlich vermehrt. Sie sind keineswegs auf das Watt angewiesen, sondern können sich auch in Wiesen und Feldern von Würmern ernähren, sie benötigen aber ein ausreichend großes Revier, um Nahrung für sich selbst und ihre Jungen zu finden. Deshalb halten Austernfischerpaare zueinander Distanz und kämpfen oft hart, um Eindringlinge zu vertreiben. Den großen Austernfischerscharen, die man auch während der Brutzeit an der Küste findet, gehören neben noch nicht brütenden Jung- und nicht mehr brütenden Altvögeln auch solche Tiere an, die zwar fortpflanzungsfähig sind, aber kein Brutrevier erstreiten konnten.
An einem einmal besetzten Revier hält ein Austernfischerpaar – in der Regel lebenslang miteinander „verheiratet“ – mit ungewöhnlicher Zähigkeit fest. Ob dort gebaut wird, Maschinen oder landwirtschaftliche Geräte herumfahren oder

Die Heringsmöwe lebt als einzige der heimischen Möwenarten vorwiegend von Fischen, die sie auf der Nordsee dicht unter der Wasseroberfläche erbeutet. Sie hat sich – von Westeuropa und von Skandinavien aus – erst in der Gegenwart längs der Nordseeküste verbreitet.

Menschen tätig sind – die Austernfischer bleiben an dem Platz, den sie sich einmal erwählt und erstritten haben. Und sie bleiben sehr lange dort, denn diese Vögel werden über dreißig Jahre alt. Damit kein anderes Paar ihren Platz besetzt, fliegen viele Austernfischer bereits ab Ende Februar bei gutem Wetter während der Flutzeit zu ihrem langjährigen Revier. Sie stehen dort scheinbar unbeteiligt und gelangweilt herum, achten aber immer darauf, daß andere Austernfischer ihnen nicht zu nahe kommen. Geschieht dies doch, eilen die Revierinhaber mit gesenkten Köpfen und unentwegtem Trillergeschrei auf den Eindringling zu und drängen ihn mit einem eigenartigen Zeremoniell zum Abfliegen. Diese charakteristischen „Trillertänze“, die man früher für Balzgehabe hielt, sind also vor allem ein Mittel der Revier- und Platzverteidigung, sie werden aber auch inmitten der winterlichen Scharen und sogar im Flug gezeigt – dann einfach als Ausdruck der Lebhaftigkeit und Ruffreudigkeit dieser Vögel. Läßt sich der Eindringling nicht mit dem Trillertanz vertreiben, kommt es zu heftigen Schnabelkämpfen.

Der Name des Austernfischers ist mehr als mißverständlich, denn der Vogel kann kaum schwimmen, geschweige denn tauchen, also auch keine Austern fischen. Allenfalls erbeutet er Miesmuscheln, sofern sie im flachen Wasser geöffnet sind – dann kann er mit seinem derben Schnabel den Muskel durchbeißen.

Erst ab Anfang, Mitte Mai beginnt die eigentliche Brutzeit. Fast alle Limikolenarten legen vier Eier, der Austernfischer jedoch vorwiegend drei, nur wenige Paare haben ein Vierergelege. Die Natur produziert von vornherein einen Überschuß an Eiern und Jungvögeln, um die oft hohe Todesrate bei ungünstiger Witterung oder durch Freßfeinde auszugleichen. Von den drei oder vier geschlüpften Jungen haben in der Regel nur zwei eine wirkliche Überlebenschance. Warum? Entgegen anderen Limikolen sind die jungen Austernfischer keine selbständigen Nestflüchter, sondern müssen regelrecht geführt und gefüttert werden. Beide Elternteile laufen mit den Jungen im Gefolge im Revier herum und stochern Würmer aus dem Boden. Dabei muß zwangsläufig ein Altvogel zwei Junge betreuen. Diese geraten aus Futterneid bald in einen derartigen Streit, daß früher oder später der überzählige und bald schwächer werdende Jungvogel ums Leben kommt. Sehr lange, bis in den Spätsommer hinein, führen die Austernfischer noch Nachwuchs, ein Zeichen, daß sie bei frühzeitigem Verlust ihres Geleges ein zweites, ja ein drittes Nachgelege haben. Paare, die ihren Nachwuchs verloren haben, sitzen noch monatelang im Revier und verteidigen dieses gegen Eindringlinge und Störenfriede, obwohl es nichts mehr zu verteidigen gibt.

Im Spätsommer versammeln sich jung und alt in immer größeren Scharen auf den Watten oder am Strand. Die hier bei Flut rastenden Vogelschwärme zählen nicht selten einige Zehntausend. Auch im Winter bleiben fast alle Austernfischer in ihrer Brutheimat. Wenn dann plötzlich Frost das Wattenmeer bedeckt, kommen Hunderte, ja Tausende vor Hunger um. Aber während sich die Möwen nun auf festländischen Müllplätzen herumtreiben, die Seeschwalben am anderen Ende der Welt sind und die Eiderenten draußen in der freien Nordsee fischen, rufen unentwegt Austernfischer aus dem grauen Watt oder aus der Packeiswüste zwischen Inseln und Halligen.

Der Austernfischer zählt zu einer großen Vogelfamilie, die man auch Watvögel, Regenpfeifer oder Strandläufer (lateinisch: Limikolen) nennt; auch die Schnepfen gehören dazu. Eine dieser Limikolenarten ist beispielsweise der Kiebitz (Vanellus vanellus), der mit dem wuchtelnden Schlagen seiner breiten Flügel und seinen kopfheisternden Balzkapriolen schon ab Mitte März einen besonderen Akzent in den hohen Himmel über der flachen Marschenlandschaft setzt. Der Kiebitz ist kein eigentlicher Küstenvogel, er kommt auch überall im Binnenland auf Wiesen und Feldern vor, ist allerdings an der Nordseeküste, in den Kögen, Groden und Poldern am zahlreichsten, weil diese Landschaft seinen Ansprüchen entgegenkommt. In den Marschen des ostfriesischen Jeverlandes beispielsweise war es früher Brauch, Reichskanzler Bismarck zu seinem Geburtstag 101 schmackhafte Kiebitzeier zu schenken. Heute steht der Kiebitz mitsamt seiner Brut unter Schutz.

Ein anderer Verwandter ist der Rotschenkel (Tringa totanus), der in Europa und Asien auf binnenländischen Feuchtwiesen und in Mooren vorkommt, dessen eigentliche Heimat aber die Marschen und Salzwiesen der Nordseeküste sind. Hier ist er nicht, wie andernorts, bedroht. Unverändert gehört es zu den charakteristischen Stimmungen am Meer, wenn an windstillen Tagen im April und Mai die Rotschenkelmännchen aufsteigen und,

Mit fast tausend Paaren ist Amrum die „Insel der Eiderenten“. Im Mai wandern Erpel und Ente in das Dünengelände, um einen Brutplatz zu suchen.

Seeschwalben sind nur Sommergäste in der Landschaft am Meer. Sie kommen spät, erst im April oder Mai, und ziehen auf dem Höhepunkt des Sommers schon wieder davon.

Dicht an dicht brüten die Brandseeschwalben in ihren Kolonien auf Sandinseln und Halligen. Die Gelege liegen nur etwa 25 Zentimeter voneinander entfernt.

Küstenseeschwalben sind im Brutrevier besonders angriffslustig gegenüber ihren Artgenossen, aber auch Möwen und Menschen werden hart attackiert und vertrieben.

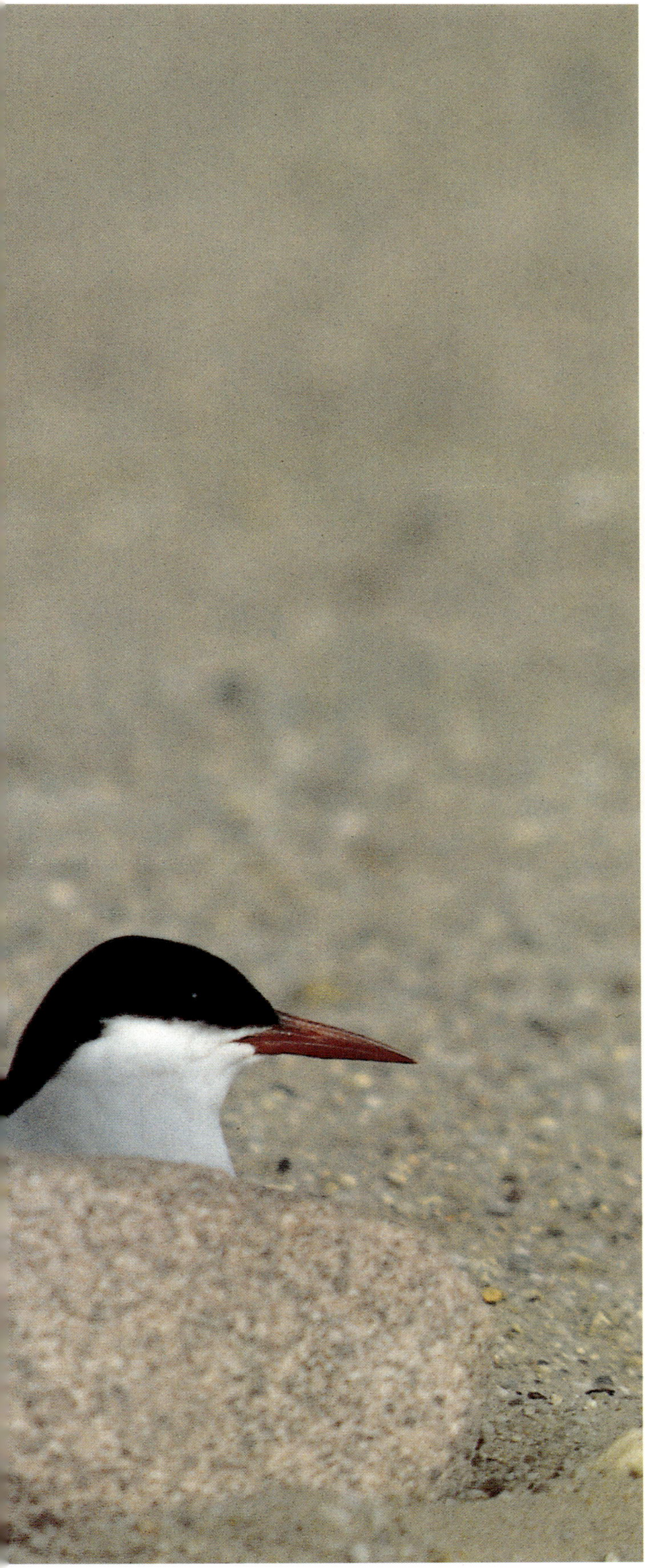

Die Zwergseeschwalbe ist von allen heimischen Seevögeln am meisten bedroht. Ihr Brutrevier sind Sandstrände, die auch der Fremdenverkehr in Anspruch nimmt.

Die Flußseeschwalbe unterscheidet sich von der Küstenseeschwalbe durch ihre schwarze Schnabelspitze.

Wenn im Austernfischernest die Jungen schlüpfen, sind die Elternvögel wachsam und erregt. Wenig später verlassen die Jungen die bescheidene Nestmulde und werden als „Nestflüchter“ durch das Wiesengelände geführt.

Der Sandregenpfeifer (oben) stellt sich flügellahm, um Feinde und Störenfriede aus dem Brutrevier zu „verleiten". Zusammen mit dem zierlichen Seeregenpfeifer (links) gehört er zur großen Vogelfamilie der Limikolen.

Säbelschnäbler sind grazile Vögel, aber im Brutgebiet sehr aggressiv. Der Brandganter läßt sich schließlich vertreiben, aber weidende Schafe, die den brütenden Vögeln zu nahe kommen, bleiben stur.

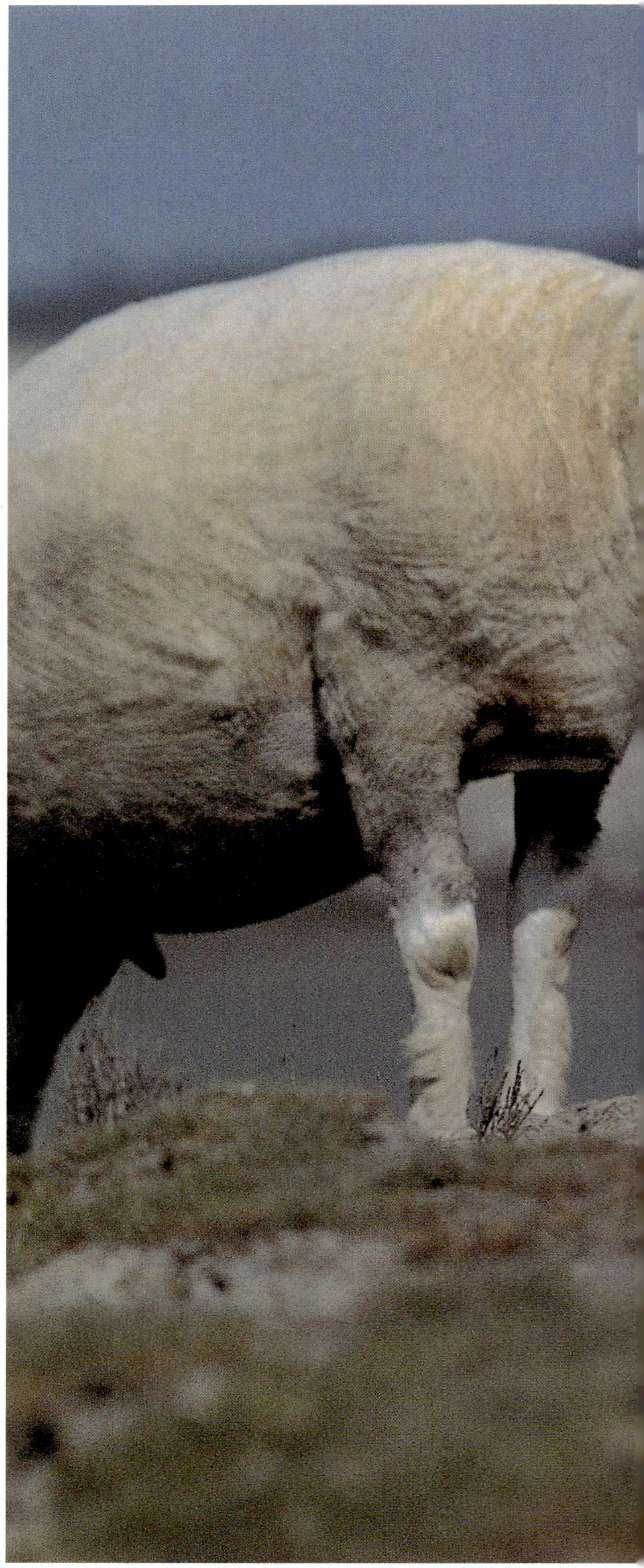

Brandgänse sind streitlustige Vögel. Wenn ein Paar eine Wasserkuhle in Besitz genommen hat, duldet es dort kein anderes seiner Art. Immer wieder jagen sich im Frühjahr die Ganter und kämpfen miteinander.

Die jungen Brandgänse wurden im Dunkel einer Wildkaninchenhöhle erbrütet, machen sich aber schon wenige Stunden nach dem Schlüpfen unter Führung ihrer Eltern auf den Weg zum Wattenmeer und überwinden dabei ohne Mühe hohe Dünenhügel. Nur selten wird auf dem kilometerweiten Weg gerastet.

Wenn die Eiderenten in den Inseldünen ihre Jungen ausgebrütet haben, schließen sie sich zusammen und führen diese „Kindergärten“ zum Meer. Dort gesellen sich weitere Entenmütter dazu, um gemeinsam den Nachwuchs zu betreuen. Ihre Aufmerksamkeit gilt vor allem den raublustigen Silbermöwen, die dennoch manchen Jungvogel erbeuten.

Eiderenten (vorne Erpel, hinten Ente) sind Vögel des Nordens; sie haben an der Nordseeküste ihre südlichsten Brutplätze. Die großen Eier sind von einem Daunenkranz umgeben, der wärmehaltend über das Gelege gezogen wird, wenn die brütende Ente zur Nahrungssuche ihr Nest für kurze Zeit verläßt.

An seinen roten Beinen ist der Rotschenkel eindeutig zu erkennen. Sein Revier sind die Marschen und Salzwiesen vor und hinter dem Deich, wo seine melodischen Rufe erklingen. Gern hält er von Koppelpfählen Ausschau.

begleitet von eigenartig zitternden Flügelschlägen, mit melodischem „Tjüü-tjüü-tjüü-tjüü" den Frühling in die noch graue Landschaft rufen.
Die klangvollen Rufe der Rotschenkel begleiten uns bis in den Sommer hinein, zuletzt aber nur noch als ärgerliches Geschimpfe. Nun führen die Elternpaare, die verborgen in handhohen Gräsern im gut versteckten Nest ihre vier Eier ausgebrütet haben, ihre Jungen durch Gräben und Wiesen. Als Nestflüchter sind diese sofort sehr selbständig und laufen nahrungssuchend eifrig herum. Die Eltern sitzen auf Deichhöhen und Wiesenpfählen und behalten alles im Auge. Wanderer werden ebenso mit wütendem „Tüktük" begrüßt wie vorbeifliegende Möwen, denen es allerdings immer wieder gelingt, junge Rotschenkel zu erbeuten. Viele Paare ziehen nur ein, zwei Jungvögel groß, sehr viele keinen einzigen. Und auch hier muß man annehmen – da Beringungsdaten noch keine sichere Grundlage bieten –, daß Rotschenkel ein hohes Lebensalter erreichen und im Laufe dieses langen Lebens doch eine ausreichende Nachwuchsrate haben. Schon im Hochsommer versammeln sich Alt- und Jungvögel zu kleinen Trupps und ziehen mit klingendem „Tjüdüdüdüdü" auf und davon.
Viel seltener und unauffälliger sind zwei weitere Limikolenarten an deutschen Küsten, der Sandregenpfeifer (Charadrius hiaticula) und der Seeregenpfeifer (Charadrius alexandrinus). Ersterer ist ein Vogel des Nordens, der an unseren Stränden seine südlichste Verbreitung hat, während umgekehrt der Seeregenpfeifer hier sein nördlichstes Brutvorkommen findet. In solchen Grenzbereichen gibt es immer wieder Schwankungen von Brutpaarzahlen. Während der Seeregenpfeifer gegenwärtig an deutschen Stränden selten geworden ist, konnte sich der Sandregenpfeifer behaupten. Für beide Arten gilt, was auch schon für die Zwergseeschwalbe gesagt wurde: Ihr Lebensraum sind vorwiegend Strände, auf denen sich aber während der sommerlichen Brutzeit mehr und mehr das Badeleben ausbreitet und den Regenpfeifern jede Ruhe nimmt. Allerdings findet man auch in geröllígen Dünentälern beide Arten als Brutvögel, und auf Sylt ist ein solches Tal bei Hörnum vor langer Zeit nach den dortigen Seeregenpfeifern, den „Mösken", wie sie auf friesisch heißen, benannt worden. Das Tal ist noch da, aber die Vögel sind lange verschwunden.
In ihrem Lebensraum fallen beide Arten dem Beobachter kaum auf. Dank ihres gemusterten Gefieders verschwinden diese kleinen Vögel optisch vollkommen in ihrer Umgebung aus Geröllen und Muschelschalen. Erst wenn man das wehmütige „Büüip" des Sandregenpfeifers oder den Pfiff des Seeregenpfeifers hört, wird man aufmerksam und entdeckt schließlich kleine Gestalten, die sich auf flinken Beinen bewegen, dann aber wieder stillstehen und bald den Augen des Beobachters entkommen.
Ebenso unscheinbar sind auch die Gelege dieser Vögel. Hier aber unterscheiden sich beide Arten sehr deutlich. Der Sandregenpfeifer legt vier hellgraue Eier mit dunklen Punkten, während die drei Eier des Seeregenpfeifers eine grüne Grundfarbe haben und von schwarzen Punkten und Strichen übersät sind. Zwischen Muschelschalen und Steinen sind sie fast unsichtbar und erscheinen, obwohl sie ganz unverdeckt daliegen, wie ein Teil der Umgebung. So besteht immer die große Gefahr, daß die Gelege von achtlosen Wanderern zertreten werden. Als einzige unserer heimischen Limikolen brüten Sand- und Seeregenpfeifer zweimal im Jahr, was offenbar notwendig ist, um die Art zu erhalten.
Vögel erscheinen und verschwinden wieder, und oft kann man weder für das eine noch für das andere Gründe nennen. Zu jenen Arten, die früher an der Küste häufig vorkamen, jetzt aber nur noch an wenigen Stellen zu finden sind, gehört der Kampfläufer (Philomachus pugnax) – eine eigentümliche, ganz aus dem Rahmen fallende Vogelgestalt. Die Männchen nämlich tragen während der Brutzeit eine sich plusternde Federkrause rund um den Hals, die weiß und schwarz, violett und braun, aber auch lebhaft gefleckt sein kann. Sie leben nicht – wie andere Limikolen und nahezu alle Vogelarten – mit einem Weibchen in fester Verpaarung. Die Männchen versammeln sich auf traditionellen Plätzen und führen dort ihre drolligen Tänze und Sprünge vor, um Weibchen anzulocken. Dutzende solcher „Kampfhähne" sind auf einem Platz versammelt, wobei die Hähne in der Mitte die „Haupthähne" sind. Und nur zu diesen eilen die Weibchen, um sich begatten zu lassen, während alle anderen Kampfläufermännchen ein vergebliches Spiel treiben. Die Weibchen sind unscheinbar, von ähnlicher Gestalt wie Rotschenkel, aber ohne rote Schnäbel und Beine. Nach der Begattung bauen sie irgendwo in den Wiesen ihr gut verborgenes Nest, brüten allein, betreuen und führen ohne männliche Hilfe den Nachwuchs.

Ringelgänse gehören im Frühjahr und Herbst zu den auffälligsten Zugvögeln an der Nordseeküste. In Scharen von etlichen Tausenden fallen sie auf den Inselmarschen ein, um als Grasfresser zu äsen.

Während die Kampfläufer verschwanden, ist die Uferschnepfe (Limosa limosa) erst in unserem Jahrhundert als Brutvogel in die Marschen der Küste und der Insel eingewandert und läßt hier ihre charakteristischen Rufe, „Gritta gritta", hören. Auch der Große Brachvogel (Numenius arquata) brütet in küstennahen Mooren, in den Dünen der Ostfriesischen Inseln, manchmal auch auf Amrum und früher auf Sylt. Erstaunlich, daß dieser majestätische Vogel, dessen Rufe zu den klangvollsten überhaupt gehören, in dieser trokkenen Landschaft seine Jungen großziehen kann. Häufiger aber ist die „Kronschnepfe", wie dieser Vogel auch genannt wird, während der Zugzeiten draußen im Wattenmeer zu finden, wo ihre melodischen Rufe und Triller Tag und Nacht zu hören sind. Nur unscheinbar braun gefleckt ist das Gefieder des Großen Brachvogels, und doch ist er mit seinem langen gebogenen Schnabel, seinen langen Beinen und den ruhigen, gravitätischen Bewegungen eine der imposantesten Vogelgestalten am Meeresstrand.

Der hochbeinige, schwarz-weiß gefiederte und mit einem aufwärts gebogenen Schnabel ausgestattete Säbelschnäbler (Recurvirosta avosetta) war um die Jahrhundertwende an den deutschen Küsten fast verschwunden. Seit der Jahrhundertmitte hat er sich abermals verbreitet und Landschaften besiedelt, in denen er vorher unbekannt war. Offenbar wurde dieser Watvogel durch menschliche Eingriffe in die Natur begünstigt, vor allem durch die Eindeichung von Deichvorländern und Wattenflächen. Hierbei entstanden als Speicherbekken für die Entwässerung des Hinterlandes lagunenartige Flachseen als idealer Lebensraum des Säblers. Zugleich aber gewährten die Deiche Schutz vor Sturmfluten. Denn mehr als andere Limikolen ist der Säbler hinsichtlich des Bruterfolgs von Fluten bedroht, weil er mit seinem Nest die unmittelbare Nähe der Wasserlinie sucht. Auf den Deichvorländern genügt deshalb ein kleiner Sturm oder auch nur eine Springflut, um die Bruten zu vernichten; ein Vorgang, der sich Jahr für Jahr abspielt, nur selten unterbrochen von günstigen Wetterverhältnissen, etwa anhaltendem Ostwind mit niedrigen Wasserständen – zu selten, um eine ausreichende Nachwuchsrate zu sichern. Säbler brüten auch an den Salzseen des Binnenlandes, sie haben vermutlich bis heute nicht gelernt, an der Nordsee mit Ebbe und Flut zurechtzukommen. Der größte, kolonieartige Brutbestand des Säbelschnäblers befindet sich gegenwärtig in der Leybucht mit über tausend Brutpaaren, doch an vielen anderen Stellen der Nordseeküste, auf Inseln und Halligen ist der Säbler inzwischen wieder eine vertraute Gestalt. Auch an der Ostseeküste sind etliche Brutplätze zu finden.

Innerhalb der großen Limikolen-Familie nimmt der Säbler insofern eine Sonderstellung ein, als er – im Gegensatz zu den anderen – ausgezeichnet schwimmen kann und dies auch gerne tut. Zwar hat er nicht, wie Möwen und Enten, vollständige Schwimmhäute zwischen den Zehen, aber halbe Häute erfüllen auch ihren Zweck. Der Säbler stochert nicht, wie seine Verwandten, nach Bodengetier, sondern „säbelt" mit dem Schnabel im seichten Wasser hin und her und erfaßt dabei winzige Krebse.

Wie schon erwähnt, werden Säbelschnäbler-Gelege immer wieder durch Sturmfluten zerstört. Aber schon runde zehn Tage nach dem Verlust der Eier ist ein neues Gelege komplett, und, falls auch dieses verlorengeht, noch ein drittes. Im Brutrevier betreut das Säblerpaar mit großer Aufmerksamkeit die selbständig herumlaufenden Jungen, selbst dann noch, wenn diese flügge sind. Möwen und Krähen werden durch energische Angriffe vertrieben, weidenden Schafen verstellen die Säbler mit ausgebreiteten Flügeln den Weg. Menschen werden mit klagendem „Klüt klüt klüt" empfangen, durch Lahmstellung mit hängenden Flügeln versuchen die erwachsenen Vögel von Nest oder Jungen abzulenken.

Säbelschnäbler sind eigentlich Vögel wärmerer Küsten und binnenländischer Salzseen. An der Nord- und Ostseeküste haben sie ihre nördlichsten Brutgebiete, die aber nur im Sommer aufgesucht werden. Spät, erst im April und Mai, kommen die Säbler, und früh ziehen sie wieder davon.

Brandgänse und Eiderenten

Fast alle Schwäne, Gänse und Enten, die in Europa und Asien vorkommen, sind während der Zugzeit im Frühjahr und Herbst auch in mehr oder weniger großen Scharen an der Meeresküste zu finden. Aber in der wesentlichsten Zeit ihres Lebens, in der Brutzeit, halten sich nahezu sämtliche Arten auf Süßwasserseen auf. Wohl brüten Krickente, Pfeifente, Tafelente, Löffelente, Reiherente, natürlich auch die Stockente, ebenso Höckerschwäne und Graugänse im Bereich der deutschen Nord- und Ostseeküste, aber nur dort, wo Süßwasser zu finden ist. Sie gehören also eigentlich nicht zum Meer. Nur zwei Arten aus der umfangreichen Familie dieser Wasservögel sind für die heimischen Küsten charakteristisch und an Salzwasser gebunden – Brandgans und Eiderente.

Die Brandgans (Tadorna tadorna) ist mit ihrem kontrastreichen, schwarz-weißen Gefieder, dem rostbraunen Brustband, dem grünen Flügelspiegel, dem roten Schnabel und den roten Beinen ein auffallender Farbtupfer im grauen Watt. Hier laufen die Vögel bei Ebbe mit langen Hälsen in den Pfützen herum, „schnabulieren" Krebsgetier, Würmer, Muscheln und Schnecken oder treten diese mit ihren Beinen aus dem Grund. Brandgänse fallen vor allem in der Brutzeit auf, weil sie sehr streitlustig sind und immer wieder aufeinander losgehen, um ihr Revier zu behaupten. Brandganspaare, die sich keinen Raum im Watt erstreiten konnten, schreiten nicht zur Brut.

Brand*gänse* werden häufig auch Brand*enten* genannt, weil sie in Schnabelform und Nahrungssuche – echte Gänse sind reine Pflanzenfresser – den Enten gleichen. Hinsichtlich des nahezu gleichartigen Gefieders und der Brutbiologie aber überwiegt die Gans, der Name „Brandgans" ist daher wohl der genauere. Gans und Ganter sind oft lebenslang miteinander verpaart und betreuen auch gemeinsam die Jungen, während die Entenehe nur bis zum Beginn der eigentlichen Brutzeit dauert und sich auflöst, sobald die Ente fest auf dem Gelege sitzt.

Wegen ihres auffälligen Federkleides muß die Brandgans das Dunkel einer Höhle nutzen. Aber dort, wo sie gegen Raubwild sicher ist, wie zum Beispiel auf den Ostfriesischen Inseln oder auf einigen Vogelschutzhalligen, wagt sie sich auch mit dem Gelege in dichte Sanddorn- oder Strandhaferbüsche. Früher nutzten die Küstenbewohner und Insulaner die Gewohnheit der Vögel, in Höhlen zu brüten, für die Eierernte. An den hohen Grabenkanten der Halligwiesen, in Ackerwällen und in den Dünen wurden künstliche Höhlen angelegt, die man öffnen konnte, um die Eier zu entnehmen. Die Brandgans legte nach, das Restgelege von fünf, sechs Eiern wurde der Gans zum Ausbrüten überlassen, damit sich die Art vermehrte und die Gans im folgenden Jahr wiederkam. So wurden Naturnutzung und Naturschutz miteinander verbunden. Dort, wo Wildkaninchen die Landschaft bevölkern, insbesondere auf den Geest- und Düneninseln der Nordsee, sucht sich die Brandgans unter den vielen Kaninchenhöhlen eine geeignete aus und verjagt dabei möglicherweise den rechtmäßigen Besitzer. Es ist ein charakteristisches Bild, wenn im Frühjahr die Brandganspaare mit langen Hälsen in die Kaninchenhöhlen hineinlugen und sich um diese streiten.

Zehn bis fünfzehn weiße Eier legt die Brandgans und brütet sie allein aus. Bei Ebbe fliegt das weibliche Tier zum Wattenmeer, wo ihr Ganter ein bestimmtes Gebiet kontrolliert; keine anderen Brandgänse sind dort geduldet. Nach ausgiebigem Bad und hastiger Nahrungssuche fliegt die Gans zum Gelege zurück und wird dabei vom Ganter begleitet. Oft sitzt er auf einer Düne in der Nähe des Brutplatzes und hält Wache.

Gleich nach dem Schlüpfen werden die Jungen zum Wasser, zum Wattenmeer geführt. Dabei kommt es oft zu erheblichen Verlusten: Möwen und Krähen greifen die Familie an, und anstatt bei den Jungen zu bleiben, fliegt das Brandganspaar hinter einem Angreifer her, während andere Vögel die Jungen erbeuten. Oft kommen Paare, die mit einem Dutzend Jungen aus den Dünen losgelaufen sind, nur mit ein, zwei Jungvögel am Wattenmeer an, ebensoviele Paare verlieren ihren Nachwuchs vollständig. Auf dem Wasser sind die Jungen zwar vor Krähen sicher, sie bleiben aber weiterhin Beuteziel der Silbermöwen. Gefährlich wird es, wenn eine zum Wattenmeer wandernde Brandgansfamilie von Menschen oder Hunden gestört wird, die Elternvögel flüchtend auffliegen und die Jungen desorientiert durch die Gegend laufen. Ihr lautes Piepen lockt Möwen und Krähen an, und in wenigen Minuten ist es um die Jungen geschehen. Selbst wenn die Gefahren der ersten Tage überstanden sind und die Jungen gelernt haben, sich durch Tauchen den Zugriffen der Silbermöwen zu entziehen, kann ein Brandganspaar seines Nach-

Fast schwarz ist der Erpel der Samtente, aber der weiße Flügelstreifen, der knallgelbe Schnabel und das Weiß am unteren Augenrand verleihen diesem Vogel ein eigenartiges Aussehen. Samtenten sind Zug- und Wintergäste an der Nordseeküste und draußen auf See.

wuchses nicht sicher sein. Immer wieder gerät es mit anderen Paaren in „Grenzkonflikte“. Während die Elternvögel heftig miteinander streiten, schwimmen die beiden Scharen der Jungvögel zu einer einzigen zusammen und lassen sich, wenn die Eltern ihren Streit beendet haben, nicht wieder auseinanderlocken. Kampfstarken Brandganspaaren wachsen so unfreiwillig immer mehr Jungvögel zu, und dort, wo die Brandgans dank vieler Wildkaninchen und geeigneter Lebensräume im Watt häufig ist, wie beispielsweise auf der Insel Amrum, sieht man nicht selten Paare mit fünfzig, achtzig und mehr Jungvögeln jeglicher Größe. Aber auch in dieser eigentümlichen Erscheinung liegt ein höherer Sinn. In der Masse sind die Jungen besser gegen Silbermöwen geschützt, und sie können sich bei kaltem Wetter in „Wärmehaufen“ gegenseitig warmhalten.

Noch bis Ende Juli, Anfang August sind Brandgänse überall im Wattenmeer eine regelmäßige Erscheinung, dann verschwinden sie fast über Nacht. Wie alle Vögel wechseln auch die Brandgänse ihr Großgefieder und verlieren dabei – wie übrigens auch andere Gänsearten – für mehrere Wochen völlig die Flugfähigkeit. Der Mauserplatz befindet sich im Bereich des Knechtsandes vor den Mündungen von Elbe und Weser, und hier versammeln sich, Punkt an Punkt, Hunderttausende von Brandgänsen aus ganz Nordeuropa.

Eiderenten (Somateria mollisima) sind Meeresvögel, die im Nordatlantik und im Eismeer leben. Noch Mitte des 19. Jahrhunderts waren die Dünen des Listlandes auf Sylt der südlichste Brutplatz dieser Art. Dann wurde sie Mitte der achtziger Jahre des letzten Jahrhunderts auf Amrum entdeckt und dort zunächst „Grönlandente“ genannt, weil Walfänger und Robbenschläger von den Nordfriesischen Inseln die Eiderenten auf Grönland, Spitzbergen und Jan Mayen gesehen hatten. Amrum blieb über ein halbes Jahrhundert das südlichste und mit über tausend Brutpaaren bis zur Gegenwart auch das bedeutendste Brutgebiet an der deutschen Küste, da Eiderenten nach dem Bau des Hindenburgdamms und der Einwanderung von Füchsen nach Sylt dort bis auf einige wenige Paare vertrieben wurden. Neuerdings werden immer häufiger Gelege auch auf Halligen, auf den Sandinseln der Nordseeküste und auf den Ostfriesischen Inseln entdeckt.

Eiderenten sind während der meisten Zeit des Jahres weit von der Küste entfernt auf dem Meer zu finden, besonders dort, wo Miesmuschelbänke am Grund liegen. Denn diese Muschel ist, neben Krebstieren und kleinen Fischen, fast die einzige Nahrung dieser Art. Die Muscheln werden mitsamt Schale geschluckt, aber der kräftige Muskelmagen der Eiderente zermahlt die Schale in kleine Stücke, so daß der Kot vorwiegend aus solchen Bruchstücken besteht.

Erst im April nähern sich die Scharen der Eiderenten den Inselküsten, und überall dort hört man nun das charakteristische „Ahuo“ der balzenden Eidererpel. Wenig später fliegen oder wandern die Paare ins Gelände. Dort baut die Ente, oft an ungewöhnlichen Stellen, ihr Nest und legt in der Regel gleich das erste Ei. Wenige Tage später, während die Ente noch ihr Gelege mit vier bis sechs Eiern vervollständigt, löst sich die Verpaarung auf, die Erpel wandern wenige Wochen darauf in Scharen wieder hinaus aufs Meer, wo sie bald ihr Hochzeitskleid verlieren und schließlich ein ähnliches Gefieder wie die Enten tragen.

Die Enten brüten rund vier Wochen ganz offen in Heidekraut und Dünenhalm, aber das braune, gesprenkelte Gefieder ist eine großartige Tarnung, das den brütenden Vogel in seiner Umgebung fast unsichtbar macht. Wie alle Entenarten hat sich auch die Eiderente unmittelbar vor Beginn der Brut Daunen ausgerupft. Diese liegen nun wie ein Kranz um das Gelege und werden zu einer dichten Decke darüber gezogen, wenn die Ente ihr Nest verläßt, um Nahrung zu suchen. Bis zur Rückkehr bewahren die Daunen nicht nur die hohe Bruttemperatur, sondern schützen das Gelege auch vor der Entdeckung durch Möwen und Krähen, aber viele Gelege gehen dennoch verloren.

Gleich nach dem Schlüpfen werden die schwarzen Dunenjungen über kilometerweite Wege zum Wattenmeer geführt. Hier schließen sich in der Regel mehrere Entenmütter zusammen, um in sogenannten „Kindergärten“ gemeinsam ihre Jungen zu betreuen. Viele werden trotz der Bewachung von Möwen erbeutet. Noch stärker dezimiert werden die Tiere durch die Witterung – bei warmem Wetter drohen Infektionen, bei kaltem Wetter der Kältetod. Trotzdem gehört auch die Eiderente zu jenen Meeresvögeln, deren Zahl und Brutverbreitung weiter zunimmt.

Ein Schwarm von Zugvögeln

Brutvögel bestimmen ganz wesentlich den Charakter einer Landschaft, die sie unter dem Gesichtspunkt der Nistplätze und Nahrungsreviere für Altvögel und Junge gleichsam „auswählen“, aber auch Zugvögel gehören zum Gesamtbild der Vogelwelt eines Gebiets, besonders eindrucksvoll an den Küsten und im Wattenmeer.

Im Frühling und Herbst geht der Vogelzug wie ein Rauschen über Inseln, Halligen, Strand und Watt. Zehntausende von Ringelgänsen und Strandläufern ziehen wie eine Wolke über die Meereslandschaft. Schon im Februar erscheinen die Ringelgänse, die in den Marschen von England und Holland überwintern, aber auf dem Wege ins Sommerquartier im hohen Norden auf den Vorländern und Halligwiesen an der deutschen Nordseeküste frühzeitig Zwischenstation einlegen. Himmel und Land sind manchmal schwarz von diesen Gänsen. Die Vögel äsen das noch spärliche Grün, um Fettreserven zu bilden für den pausenlosen Flug zu den Brutplätzen im sibirischen Eismeer in der zweiten Maihälfte. Wo Ringelgänse derart konzentriert auftreten wie auf den Halligen und neuerdings auch in Kögen und Poldern hinter den Deichen, werden erhebliche Grasschäden angerichtet. Deshalb erhalten die Halligbauern vom Staat eine entsprechende Entschädigung, die schon seit Jahren ein fester Posten im Einkommen ist. Ringelgänse hatten sich ursprünglich auf den Seegraswiesen im Wattenmeer ernährt, bis dort in den dreißiger Jahren eine Pilzkrankheit ausbrach, erst danach fielen die Gänsescharen auf dem Weideland ein und wurden durch ihr konzentriertes Auftreten zu einem Problem – aber auch zu einer Attraktion. Neben Ringelgänsen treten auch Weißwangen, Kurzschnabel-, Saat- und Bleßgänse in Erscheinung, doch stehen sie weit hinter den Ringelgänsen zurück.

Den Wildgänsen folgen von März an in noch größeren Scharen die verschiedenen Strandläuferarten. Knutts, Alpenstrandläufer und Pfuhlschnepfen zeigen in der Luft ihre eigenartigen Flugspiele. Einmal erscheinen die Vögel mit ihren dunklen Rücken wie eine rasch wandernde schwarze Wolke am Himmel, dann schwenken sie – Tausende zugleich – in Sekundenbruchteilen, und nun leuchten die weißen Bauchseiten. Spiralförmig schrauben sich wenig später die Scharen herab und fallen zur Rast und Nahrungssuche auf den feuchten Wattenflächen ein. Niemand weiß, wie solche Flugkommandos in Windeseile in den Scharen übermittelt werden.

Bei Ebbe verstreuen sich die Vögel weit über das Watt, um Nahrung zu suchen. Wenige Stunden später aber läuft die Flut auf und drängt die Vögel vor sich her zum Land, wo sie sich wieder in großen Scharen versammeln. Dichtgedrängt stehen sie dann Kopf an Schwanz auf dem Strand oder auf ufernahen Wattwiesen. Von allen Seiten kommen neue Trupps dazu, und schließlich konzentrieren sich Tausende auf kleinstem Raum. Den Kopf zum Schlafen in das Rückengefieder gelegt und in der Regel das eine Bein zum Ruhen in das Bauchgefieder gesteckt, warten die Vögel so die Flutzeit ab. Wenn das Wasser wieder zurückfällt und die Wattenflächen allmählich auftauchen, löst sich Gruppe für Gruppe aus der Schar, oder alle zugleich steigen mit großem Gebrause auf, um sich wieder über die Nahrungsgründe zu verteilen. Wochenlang beherrschen diese Limikolen das Wattenmeer, bis sie schließlich zu ihren Brutplätzen auf den Fjells und in den Tundren von Skandinavien und Sibirien aufbrechen.

Knutts, Alpenstrandläufer und Pfuhlschnepfen – diese „Massenvögel“ sind nicht die einzigen Vertreter ihrer Art in der Meereslandschaft. Scharen von Brachvögeln, vom Großen Brachvogel und vom kleineren Regenbrachvogel, erfüllen bei Tag und bei Nacht die Weite mit ihren klangvollen Trillern. Ebenso rufen Gold- und Kiebitzregenpfeifer auf dem Weg zu ihren Brutplätzen ihr melodisches „Tlü-ü“ und „Pi-ü-i“ durch Luft und Landschaft. Auf flinken Beinchen rasen Sanderlinge am Brandungssaum entlang; Meerstrandläufer, Zwergstrandläufer, Grünschenkel und viele andere Zugvögel vervollständigen das Bild.

Den Limikolen gehört das Watt bei Ebbe, den Enten und Gänsen das Wattenmeer bei Flut. Scharen dieser Vögel wiegen sich auf dem Wasser, und zwischen dem „Ronk ronk rott rott“ der Ringelgänse erklingt das „Wiu“ der Pfeifenenten und das „Haulüt“ der Eisenten. Gelegentlich ziehen Zwergschwäne und die größeren Singschwäne mit klangvollen Rufen in langer Reihe über das Wasser hin und lösen sich schließlich nordwärts in der Ferne auf.

Im Frühjahr ist der Vogelzug besonders imposant, weil er sich auf wenige Wochen zusammendrängt; der Rückzug dagegen streckt sich über Monate hin. Schon im Juli tauchen Einzelvögel und kleine

Wandernden Wolken gleich erscheinen im Frühjahr die Scharen nordischer Limikolen, hier Knutts und Austernfischer, im Wattenmeer. Dort suchen sie bei Ebbe verstreut nach Nahrung, um sich bei Flut wieder an Land zu versammeln.

Trupps von Pfuhlschnepfen auf, in den Dünentälern erklingt das „Tütütütütüt" der Regenbrachvögel, die von den reifen Krähenbeeren äsen. Grünschenkel stochern im Watt und in den Marschengräben, Goldregenpfeifer versammeln sich auf Wiesen und Ackerland. Auch Steinwälzer, Zwergstrandläufer, bald wieder auch Knutts und Alpenstrandläufer sind zu sehen. Das Brutkleid ist schon verblaßt, und es sind nur zehn, zwanzig, selten mehr als hundert Vögel, die zusammen ziehen. Auch unsere einheimischen Brutvögel werden von Unruhe erfaßt. Kiebitze und Rotschenkel schließen sich mit ihresgleichen zusammen und orientieren sich nach Süden, schon lange sind familien- und scharenweise die Seeschwalben unterwegs.

Aber wenn der Winter milde ist, bleiben etliche der genannten Vögel hier. Und für einige Arten ist die südliche Nordseeküste, Eiswinter hin, Sturmwetter her, das Winterquartier. Die großen Mantelmöwen mit den schwarzen Flügeldecken harren aus und lauern auf Kadaver von Seehunden, anders als die ähnlichen Heringsmöwen, die im Winter zu afrikanischen Küsten fliegen. Samtenten, Trauerenten, Schellenten, Eisenten und natürlich die einheimischen Eiderenten beleben das küstennahe Meer. Von strengen Eiswintern sind diese Vögel nicht bedroht, weil sie in offenen Prielen oder weit draußen in der eisfreien See nach Nahrung – Muscheln und Schnecken – tauchen können. Den Austernfischern und anderen zurückgebliebenen Limikolen allerdings geht es in Eiswintern weniger gut. Sie fliegen durch den kurzen Wintertag, um die wenigen eisfreien Wattenflächen zu suchen, wo sie ihre Nahrung finden. Nicht selten gibt es, wie schon erwähnt, ein Massensterben unter diesen Vögeln – aber auch ihr Tod hat im Kreislauf der Natur einen Sinn. Möwen und Krähen, die ebenfalls den Winter in ihrer Brutheimat verbringen, finden jetzt Nahrung, und so bedeutet der Tod zugleich auch Leben.

Vogeljagd und Vogelschutz

Die Vögel am Meer sind den Küstenbewohnern und Insulanern seit jeher Teil ihrer Heimat gewesen. Allerdings haben Vögel hinsichtlich der Nutzung früher eine größere Rolle gespielt, wobei neben der Jagd das Sammeln der Eier im Vordergrund stand. Noch bis ins 20. Jahrhundert hinein und in den Notjahren der beiden Weltkriege wurden ungeachtet bestehender Naturschutzverordnungen „traditionell" die Gelege aller Seevögel, also nicht nur der Möwen, gesammelt. Das Eiersammeln stand aber unter Regeln der Bestandserhaltung, der Hege. Gesammelt wurde nämlich nur bis zu einem bestimmten Termin, so daß den Vögeln das Nachgelege zum Ausbrüten blieb. Alte Insulaner behaupten noch heute, daß diese Prozedur die Seevögel weit mehr begünstigte als der heutige Schutz, denn durch die verzögerte Brut schlüpften die Jungvögel im Hochsommer und waren weniger von Kälte oder Nahrungsmangel bedroht. Die Überlebensrate der Jungvögel soll jedenfalls damals sehr viel höher gewesen sein. Allerdings ignorierten die Insulaner mangels genauer biologischer Kenntnisse, daß einige Vogelarten keine Nachgelege haben und das Wegsammeln der Eier somit für diese Vögel gleichbedeutend mit dem totalen Ausfall von Nachwuchs war. Hinzu kam, daß diese Regeln in Notzeiten immer wieder mißachtet wurden.

Kritisch wurde die Situation erst, als Mitte des 19. Jahrhunderts an den Küsten und auf den Inseln der Fremdenverkehr aufblühte und es Sitte wurde, Vögel als Zielscheibe der Schießlust zu mißbrauchen. Austernfischer, Seeschwalben und Möwen wurden sogar in den Brutkolonien erschossen. Noch heute lösen Berichte Betroffenheit aus, wie die feine Badegesellschaft – ob auf den Ost- oder Nordfriesischen Inseln oder andernorts – unter Führung von Einheimischen, die sich dabei ein Honorar verdienten, mit der Vogelwelt umging. Noch verhängnisvoller war die in jener Zeit aufkommende Mode, Hüte mit Vogelfedern zu schmücken. Ein wahrer Massenmord unter den Vögeln, ohne Rücksicht auf Brut und Jungvogelbetreuung, war die Folge, bis einige Arten, insbesondere die Seeschwalbe und sogar die Silbermöwen gebietsweise völlig ausgerottet waren.

Eine weitere Nutzung erfolgte durch die Jagd, wobei es keine Beschränkungen hinsichtlich der Arten und Mengen gab. Gejagt wurde nicht nur mit Blendlaternen im nächtlichen Watt, sondern auch mit Stellnetzen, in den sich die niedrig fliegenden Ringelgänse verfingen. Wildenten wurden während der herbstlichen Zugzeit in den „Vogelkojen“ in großer Zahl gefangen. Diese entstanden nach holländischem Vorbild im 18. und 19. Jahrhundert auf etlichen Nordseeinseln, so auf Fanø, Rømø, Sylt, Föhr, Amrum, Pellworm und Nordstrand. Vogelkojen bestehen aus einem großen, quadratischen Süßwasserteich, von dessen Ecken bogenförmige Seitenkanäle, die sogenannten „Pfeifen“, abzweigen und, sich verjüngend, in Reusenanlagen enden. Die „Pfeifen“ waren mit Netzen umspannt und blieben nur zum Teich hinaus offen. Gedeckt von Schilfkulissen streute der Kojenfänger Futter in das Wasser und lockte die Wildenten, vor allem Krick-, Pfeif- und Spießenten, in den Tod.

Erste Schutzverordnungen, so die Reichsgesetze von 1888 und 1908, blieben wirkungslos, weil die Tradition der Naturnutzung sehr viel stärker war und es auch an polizeilichen Kontrollen fehlte. Nicht der Staat stand daher am Anfang des Vogelschutzes, sondern Persönlichkeiten, die Schutzvereine gründeten (1899 Bund für Vogelschutz in Stuttgart durch Lina Hähnle, 1907 Verein Jordsand in Hamburg durch Dr. von Boxberger und Prof. Dietrich) oder auf andere Weise die Initiative ergriffen: Otto Leege, Graf von Wilamovitz und Freiherr von Berlepsch beispielsweise, die die aufwachsende Sandinsel Memmert pachteten. Wenig später, 1904, entdeckte Rektor Heinrich Schütte die neu entstehende Sandinsel Mellum an der Außenjade und bemühte sich erfolgreich um den Vogelschutz, nachdem es hier zur Ansiedlung von Seevögeln gekommen war.

So entstanden erst in den Anfangsjahrzehnten unseres Jahrhunderts die ersten abgeschlossenen und durch Vogelwärter bewachten Schutzgebiete. Der Verein Jordsand pachtete zunächst 1907 die kleine, heute zu Dänemark gehörende Hallig Jordsand und erwarb die Hallig Norderoog – berühmt wegen der großen Brandseeschwalbenkolonie – für die hohe Summe von 12000 Goldmark, die von Naturfreunden zusammengetragen wurde. Wenig später wurde auch die wandernde Insel Trischen vor Dithmarschen als Seevogelschutzgebiet eingerichtet, erste „Vogelfreistätten“, wie man sie damals nannte, entstanden an der deutschen Ostseeküste. Aber die unterschiedlichen Ländergesetze des Deutschen Reiches wurden erst in den Jahren 1934 bis 1936 durch das Reichsjagdgesetz, das Reichsnaturschutzgesetz und eine Verordnung über wildlebende Pflanzen und nichtjagdbare Tiere zusammengefaßt. Diese Bestimmungen blieben im Prinzip bis heute gültig. Naturschutz und Wildhege erhielten nun endlich einen höheren, staatlichen Rang. In schneller Folge wurden weitere Flächen zu Natur- und Vogelschutzgebieten erklärt und den genannten Vogelschutzvereinen – zum Bund für Vogelschutz und zum Verein Jordsand war Mitte der zwanziger Jahre noch der Mellumrat gekommen – zur Betreuung übergeben. Heute erstreckt sich eine Kette von Seevogelschutzgebieten an der deutschen Nordseeküste, auf Vorländern und Halligen.

Ebenso erhielt nahezu jede Nordseeinsel ihr Natur- und Vogelschutzgebiet. Vogelwärter geben mit sachkundigen Führungen einen Einblick in die Vogelwelt der Nordseeküste und in die Notwendigkeit von Schutzmaßnahmen. Auf etlichen Sandinseln und Halligen hausen die Vogelwärter in sturmflutgesicherten Pfahlhütten oder im Windschutz von Dünen versteckten Häuschen und führen den Sommer hindurch ein wahres Robinsonleben, abgeschieden von der übrigen Welt, allein inmitten Tausenden von Seevögeln, deren Geschrei mit dem Rauschen des Meeres und dem Singen des Windes im hingeduckten Dünenhalm die einzigen Laute sind, die in ihre Einsamkeit dringen. Nur ein- oder zweimal wöchentlich legt ein Schiff von der Küste oder einer benachbarten Insel an und bringt Lebensmittel und Post vorbei, bis die Brutzeit zu Ende ist und Herbststürme die Rückkehr in die „Zivilisation“ erzwingen.

Auch die Ostseeküste weist eine Reihe von Schutzgebieten auf, in denen – von Vogelwärtern bewacht – seltene See- und Strandvögel brüten. Die bekanntesten sind Oehe-Schleimünde, der Graswarder vor Heiligenhafen und die Teichlandschaft Wallnau auf Fehmarn, ein früheres Gut, das der Bund für Vogelschutz mit Hilfe der Landesregierung, vor allem durch Spenden kaufen und unter Schutz stellen konnte.

Heute ist das Dasein fast aller Seevogelarten durch Vogelschutzgebiete, aber auch außerhalb solcher Räume durch entsprechende Gesetze und durch das wachsende Verständnis für die Natur gesichert. Ja, fast alle Arten haben sich seit Anfang unseres Jahrhunderts stark vermehrt. Unverändert sind Meeresküste und Wattenmeer also die tierreichsten Landschaften unserer Erde.

Ringelgänse entführen auf ihrem herbstlichen Durchzug den Sommer nach Süden, aber sie bringen im März und April auch den Frühling in die noch wintergraue Meereslandschaft zurück. Hier verweilen sie bis Mai und eilen dann weiter zu ihren Brutplätzen im sibirischen Eismeer.

Der Autor

Georg Quedens, geb. 1934 in Norddorf auf Amrum, lebt als selbständiger Schriftsteller und Fotograf auf seiner Heimatinsel. Er befaßt sich mit Themen zur Natur und Geschichte Nordfrieslands, der Nordsee und dem Wattenmeer. Zahlreiche Veröffentlichungen von Büchern und Aufsätzen in bekannten Zeitschriften. Im Ellert & Richter Verlag sind seine Bücher „Wattenmeer – Landschaft im Licht", „Das Friesenhaus", „Die Halligen – Inseln unter Wind und Wolken" sowie „Inseln und Meer" erschienen.

Impressum

CIP-Titelaufnahme der Deutschen Bibliothek

Quedens, Georg:
Vögel über Watt und Meer / Georg Quedens. – Hamburg:
Ellert u. Richter, 1990
(Die weisse Reihe)
ISBN 3-89234-153-2
NE: HST

Text und Fotos: Georg Quedens, Norddorf/Amrum
Gestaltung: Hartmut Brückner, Bremen
Satz: O&S Satzteam, Hildesheim
Lithographie: Rüdiger & Doepner, Bremen
Druck: Girzig + Gottschalk, Bremen
Bindearbeiten: Paderborner Druck Centrum, Paderborn